KB273859

인천의 힘, G3 코리아

대한민국을 세계 3대 강국으로 이끄는 인천

대한민국을
세계 3대 강국으로 이끄는
인천

인천의 힘, G3 코리아

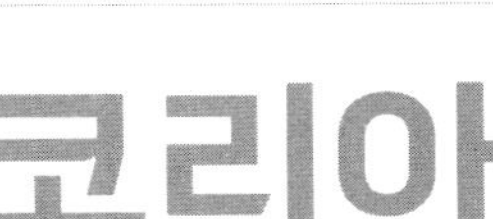

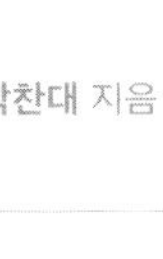

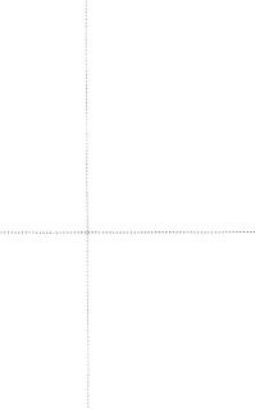

박찬대 지음

메디치

국민이 대한민국이며 민주주의다

대한민국, '다이내믹 코리아'다. 이 말을 비아냥대듯이 우스갯소리 삼아 쓰는 사람도 있었지만, 많은 이들은 그 역동성을 진심으로 찬탄했다.

우리는 전쟁의 폐허 위에서 불과 70년 만에 세계 10대 경제 대국으로 거듭났다. 거듭된 쿠데타로 수십 년 이어지던 군부독재를 무너뜨렸다. 국민이 분연히 뜻을 모았고 피를 흘리며 진정한 민주주의 체제로 들어서게 했다. 이렇게 일군 산업화와 민주화의 성공은 시장과 공공, 그리고 시민사회가 조화를 이뤄 더욱 발전할 수 있는 다이내믹 코리아의 기틀이 됐다. 이뿐인가. 백범 김구 선생님이 일찍이 말씀하셨던 '한없이 높은 문화의 힘'을 아름답게 꽃 피웠다. 영화, 음악, 음식, 의복, 문학, 한글 등 여러 부문에 걸쳐 성숙하게 꽃 피운 K-컬처의 위대함을 전 세계가 열광하게 만들고 있다.

1년 남짓 전 이러한 소중한 성과를 되돌리려는 시대착오적인 친위 쿠데타가 있었다. 반역사적이고 반국가적인 세력은 내란으로 헌정질서와 민주주의를 위협하고, 힘겹게 쌓아 올린 경제의 성과마저 물거품이 될 위기에 빠뜨렸다. 다행히 질기고도 단단한 우리 국민들의 힘으로 다시 한번 막아냈다. 민주주의를 지켜냈고 경제 퇴보의 물꼬를 바꿔냈다. 역시 '민유방본'(民維邦本), '국민이 곧 나라'였음이 입증됐다.

빛의 혁명 기반 위에 우리 이재명정부, 국민주권정부가 탄생했다. 그렇기에 이재명정부가 이뤄낸 모든 성과는 우리 국민의 간절한 염원에서 비롯된 것이다. 코스피 5000 포인트 달성이라는 기적 같은 성과도, 외교·안보의 불확실성을 걷어내며 국가적 위상을 높인 것도, 부동산 시장 안정화에 대한 흔들림 없는 확고한 의지의 천명도 모두 국민과의 든든한 연대가 있기에 가능했다.

윤석열정부의 국정 문란부터 시작해 비상계엄 쿠데타, 쉽게 종식되지 않는 내란의 여진, 그리고 이재명정부의 탄생까지 모든 과정을 함께했던 나로서는 위대한 국민에 대한 감사와 존경의 마음만이 벅차오를 뿐이다. 민주당의 원내대표로

서, 당대표 직무대행으로서, 또 이재명 대선 후보의 상임총괄 선대위원장으로서 지나왔던 지난 406일의 여정 중 369일을 인천의 집에 가지 않고 국회에서 숙식했다. 그 힘겨웠던 고뇌와 노력을 이미 넘치게 보상받은 듯하다. 감사와 감격의 마음이 여전히 가슴을 뛰게 한다. 비상계엄을 해제하기 위해 국회 담을 넘다가 다친 발이 피범벅이 된 줄도 모르고 뛰어다녔던 그 긴박했던 내란의 밤, 윤석열 탄핵을 이루기 위해 본회의장에서 한 사람씩 호명한 국민의힘 의원의 이름을 함께 외쳐주던 국회 앞 수십만 인파의 국민을 잊을 수 없다. 민주주의 질서 회복을 위해서는 내란 잔존 세력 청산 등 남은 개혁 과제가 여전히 막중하지만, 차근차근 해낼 수 있으리라 확신한다.

그런데도 그냥 숨만 돌리며 안심하고 있기에는 숨 가쁘게 이뤄지는 전 지구적 변화의 양상이 너무 엄중하다. 지금은 기존의 세계 운영 질서가 해체되고 새롭게 구축되는 과정에 있다. 지금까지 이뤄낸 성과에 안주하다가는 자칫 정체를 넘어 후퇴할 수 있다는 위기감이 드는 대전환의 시기이다.

하지만 모두가 얘기하듯 위기는 곧 기회다. 새로운 가치와 규범으로 재구성될 세계 질서는 한국이 세계 10대 국가(G10)를 뛰어넘어 'G3 국가'로 도약할 절호의 기회다. 특정한 국가가 만들어 놓은 틀에서 제한적으로 활동하기보다 우리가 주도적으로 참여하는 세계 질서와 제도 속에서 경제와 산

2025년 3월, 윤석열 석방 규탄대회에서 발언하는 박찬대

업, 문화를 이끄는 국가 반열에 올라야 한다. 지속 가능한 성장 위에서 국민 또한 더욱 고루 부유해질 수 있을 것이다. 성장과 분배는 결코 따로 가서는 안 된다. 먹고 사는 일이야말로 우리의 하늘처럼 중요한 일이기에 '식위민천'(食爲民天)은 어떠한 상황에서도 포기할 수 없는 가치다.

다시 한번 신발 끈을 단단히 묶고 전환기 국제질서 속에서 한국이 가져야 할 역할과 과제를 생각하고, 이를 이뤄낼 수 있는 전략을 정교하게 만들고, 그 구체적인 행동 계획을 세워야 할 때이다. 나 역시 책임 있는 정치인의 한 사람으로서 책상머리 고민이 아닌, 구체적인 실천을 통해 이를 실현할 수 있는 더 큰 장정에 나서려 한다. 위대한 국민과 함께 자랑스러운 대한민국이 나아가야 할 방향인 '세계 3대 강국', 세계 질서를 주도하는 '전략국가'의 길을 만들 것이며, 내가 나고 자란 인천에서부터 이를 실현하려 한다.

이 길은 기존 질서와 관성을 뛰어넘는 혁신과 쇄신의 길이기에 수많은 난관과 도전에 직면할 것이다. 하지만 이 길이 우리나라와 우리 국민의 뜻이기에 내란을 극복하던 마음과 자세로 국민을 믿고 묵묵히 걸어갈 것이다. 그 길에 우리 국민과 인천 시민이 함께해주시길 간절히 소망한다.

2026년 새 봄을 기다리며
박찬대

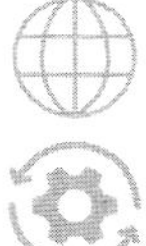

차례

1.부

나의 정치, 나의 비전

1

전환기를 준비한다

혼란과 불확실성

전 세계가 혼란의 연속이다. 베네수엘라 공습과 니콜라스 마두로 대통령 압송, 그린란드 병합 시사, 멕시코 공격 시사, 쿠바와 석유 거래하는 나라에 관세 부과 행정명령, '51번째 주'로 캐나다 편입 시사 등 미국발 국제뉴스가 연일 신문 1면을 차지하고 있다. 이 밖에도 러시아-우크라이나 전쟁(러·우 전쟁), 이스라엘-하마스 전쟁, 이스라엘-이란 전쟁, 미국-이란 긴장과 대만해협을 둘러싼 미·중 긴장 등 세계 곳곳에서 일어나는 군사적 긴장과 분쟁을 따라가기도 어려운 요즘이다. 그러다 보니 이런 긴장과 분쟁이 세계 질서와 경제 변화에 미치는 영향에 대한 분석 기사는 제목도 읽기 어려운 날이 이어지고 있다.

2026년 1월 28일 뉴스를 따라가던 내 눈은 "19년 만에 유럽연합과 인도가 관세 인하와 철폐를 골자로 한 자유무역협정(FTA)을 체결했다"는 뉴스 앞에 멎었다. 미국과 더불어 대서양동맹의 한 축인 유럽연합(EU)이 트럼프 미국 대통령이 압박하고 있는 인도와 세계 무역량의 6분의 1과 인구 20억 명을 차지하는 거대한 경제 블록을 형성한 것이다. 내 머릿속엔 서로 다른 궤도의 생각과 질문들이 충돌하기 시작했다.

세계 무역 질서의 역대급 지각 변동이 시작된 것일까? 무역 질서의 변동은 미국 리더십의 약화를 의미할까? 만약 질서 변동이 일어나고 있다면 우리나라는 어떤 전략으로, 어떻게 대응해야 할까? 미국과 블록을 형성하는 것이 우리에게 여전히 이익일까? 아니면 유럽과 캐나다, 중국과 아세안(ASEAN) 혹은 러시아와 중남미 등과 새로운 경제협력 다변화에 무게중심을 두는 것이 더 유리할까?

꼬리를 무는 질문과 복잡하게 교차하는 고민 속에서 명쾌한 해법을 도출해내기는 쉽지 않았다. 하지만 한 가지는 분명하다. 오늘날 세계 질서는 혼란과 불확실성을 특징으로 하는 전환기에 진입했다. 그리고 우리나라가 새로운 질서에 대한 전략적 대응에 실패한다면 심각한 국가적 위기에 직면하게 될 것이란 점이다.

조각조각 흩어져 있는 현상 속에서 변화의 배경과 대전환의 방향성을 찾아내는 것이 대응의 출발점이다. 흩어진 조각 중 하나인 유럽연합과 인도의 극적인 해빙 모드를 보자. 유럽연합과 인도 양측이 19년간 풀지 못한 숙제를 단기간에 풀게 된 직접적인 배경에는 미국이 있다.

더 직접적으로 얘기하면 러·우 전쟁에서 출발한다. 단기전으로 예상되던 러·우 전쟁의 장기화는 미국과 유럽연합의 방위비 부담을 크게 늘렸다. 이는 천문학적인 재정적자를 안고 있는 미국에 큰 부담으로 작용했다. 이런 상황에서 실리에 집착하는 트럼프 대통령은 2025년 1월 백악관 재입성과 함께 나토(NATO) 회원국에게 기존에 분담하던 국내총생산(GDP) 2% 수준의 방위비를 5%까지 인상할 것을 강력하게 요구했다. 미국은 과도한 전쟁 개입과 천문학적 재정적자 그리고 감당하기 어려운 무역적자를 더 이상 방치할 수 없었을 것이다.

미국 입장에서 보면, 미국의 방위비에 의존해서 경제적 번영과 복지를 누려온 유럽연합이 안보에서 더 큰 부담과 책임을 지는 것은 당연하다. 2006년 나토 국방장관 회의에서 회원국들이 국방비를 GDP의 2% 수준으로 늘리기로 합의했고, 러시아의 크림반도 강제 합병 직후인 2014년 웨일스 정상회의에서 이를 재확인했다. 그러나 대다수 유럽 국가들은 이 합의를 지키지 않다가 러·우 전쟁 발발 후에야 비로소 약속을 이행하는 국가가 늘어났다. 트럼프 대통령의 압박으로 2025년 6월 나토 회원국들은 2035년까지 직접 국방비 3.5%에 간접 안보 비용 1.5%를 더해 국방비를 GDP의 5% 수준으로 증액하는 데 합의했다.

영국의 《파이낸셜 타임스》 보도에 따르면, 유럽연합 각국이 1995년부터 2023년까지 GDP의 3.5% 수준으로 국방비를 지출했다면 매년 3,870억 달러(약 560조 8,000억 원·2020년 각국 구매력 평가 기준)를 추가로 지출했어야 하며, 영국은 매년 350억 달러(약 51조 원)를 더 지출했어야 한다. 즉 유럽연합과 영국은 미국 방위비에 의존해서 연간 4,220억 달러(약 564조 원)를 절약했다.

문제는 이러한 미국의 국방비 증액 압박이 경제성장 정체에 시달리던 유럽을 송두리째 흔들고 있다는 점이다. 유럽연합은 오랫동안 안보는 미국에 의존하고, 에너지는 러시아에 의존하여 성장과 번영을 누렸다. 그러나 안보와 에너지 위기가 동시에 발생하자 유럽연합은 그 전략적 취약성에 직면하게 됐다. 더욱이 AI·기술·산업 대전환에 효과적으로 대응하지 못하면서 유럽의 구조적 위기는 더욱 가속화됐다.

2025년 4월, 최고위원회에서 발언하는 당대표 직무대행, 박찬대 (출처: 연합뉴스)

미국발 세계 질서 변동 징후는 북미 대륙에서도 나타나고 있다. 트럼프 대통령은 백악관에 복귀한 이후 "캐나다를 미국의 '51번째 주'로 합병하길 원한다"는 입장을 누차 밝히며 캐나다의 민감한 주권 문제를 건드렸다. 캐나다는 트럼프 대통령의 발언에 바로 반발하기보다 협력 강화를 선택했다. 캐나다는 2024년 미국과 함께 중국산 전기차에 대한 관세를 부과했고, 마크 카니(Mark Carney) 캐나다 총리는 "중국은 캐나다가 직면한 가장 큰 안보 위협"이라고도 했다.

그러나 이 발언을 뒤집는 데 그리 오랜 시간이 걸리지 않았다. 1년 만인 2026년 1월 16일, 카니 총리는 베이징을 방문해서 캐나다의 중국 전기차 관세 인하와 중국의 캐나다 주요 농산물 보복 관세 인하 합의서에 서명했다. 같은 날 영국의 BBC는 "캐나다가 입장을 선회하게 된 배경은 최대 교역국인 미국을 둘러싼 지속적인 불확실성 때문"이라는 전문가들의 말을 인용했다. 카니 총리의 "우리는 세상을 우리가 바라는 모습이 아니라, 있는 그대로 받아들인다"며 미국발 불확실성에 대한 캐나다의 불만을 숨기지 않았다.

실제로 미국 우선주의에 철저한 트럼프 대통령은 무역적자 해소와 자국 산업 보호 수단으로 관세를 강력하게 활용하고 있다. 미국의 관세 압력 앞에 한국, 유럽, 캐나다, 일본과 같은 전통적인 동맹의 신뢰와 가치는 물론 자유무역협정(FTA)이나 세계무역기구(WTO)와 같이 미국 주도로 세워진 국가 간 약속과 국제질서도 무너졌다. 유럽연합과 인도의 FTA 체결이나 캐나다와 중국의 합의 등은 미국의 일방적인 경제 압박에서 벗어나기 위해 시장 다변화와 안정적인 공급망 확보 그리고 공고한 경제적 파트너십을 구축할 필요성에서 나온 결과물이다.

연일 국제뉴스의 일면을 장식하고 있는 미국의 관세 위협과 극단적인 미국 우선주의는 오히려 미국 견제 블록과 연대를 강화하는 결과로 이어지고 있다. 도널드 트럼프 행정부의 그린란드 매입(병합) 시도와 캐나다 '51번째 주' 편입 발언 그리고 캐나다를 향한 100% 관세 위협 등으로 기존 대서양동맹과 북대서양 질서가 흔들리자, 유럽연합과 캐나다를 포함한 미국의 주요 동맹은 물론 인도, 중국 등 세계 주요 경제 대국은 미국 의존도와 영향력 약화를 목적으로 자유무역과 다자주의 협력을 강화하거나 새로운 경제 연대를 모색하는 집단행동을 시작했다. 즉, 미국 우선주의와 보호주의가 불러온 불확실성을 다른 경제 대국은 다자간 협력과 새로운 질서로 대응하려는 것이다.

세계적으로 생각하고, 전략적으로 행동하라

이런 불확실과 혼란이 얼마나 더 지속될지 정확하게 예측하기 어렵다. 오늘날 세계 변동의 근본적 출발점은 미·중 패권 경쟁에 있기에, 미국이 대서양동맹을 포기할 가능성은 매우 희박해 보인다. 하지만 최근 세계 동향은 매우 낯설기만 하다. 내가 태어나 살아온 지난 60년 동안 미국은 세계 가치와 질서의 중심이었다. 그런데 최근 몇 년 사이에 미국은 '미국 우선주의'를 앞세우며 혼란과 불확실의 불을 지피고 있다. 이 속에서 우리나라가 나아가야 할 방향과 맥락을 찾는 것이 정치인의 책임일 텐데, 아직 내 머리는 미로를 벗어나지 못해 답답하고 초조하다. 하지만 상당 기간 자국 이기주의와 힘의 논

2025년 3월, 이재명 더불어민주당 대표와 박찬대 원내대표 (출처: 연합뉴스)

리가 세계를 지배할 것만큼은 확실하다.

혼란과 불확실의 시대, 힘과 자국 이기주의가 맹렬히 충돌하고 경쟁하는 시대. 오늘날 세계의 특징을 가장 잘 응축한 말일 것이다. 이 속에서 대한민국은 생존해야 한다. 그리고 이 생존의 과정이 한국의 가장 큰 문제인 저성장 고착화와 사회 양극화 해소의 길이 되어야 한다. 우리나라는 안팎으로 중첩된 위기 요소를 극복하고 기회로 만들 수 있을까? 질문의 미로는 '세계적으로 생각하고, 전략적으로 행동하라'라는 생각 앞에 비로소 안정과 자신감을 찾기 시작했다.

내가 태어났던 1960년대 한국은 세계 최빈국 중 하나였다. 그런데 불과 60년 만인 2026년의 한국은 경제 선진국과 문화강국으로 완전히 다른 국가로 탈바꿈했다.

과거의 한국은 세계 질서 조류에 떠밀려다니는 '돛 없는 배'와 같았다면, 지금의 한국은 강력한 기술과 산업 엔진을 달고 자기 키로 조류에 맞서고 있다. 그뿐 아니라 한발 더 나아가 때론 선단을 이끌기도 하고, 때론 조류를 만들기도 하는 선진국이 되었다. 세계 변동을 잘 읽고 대응한다면 오늘의 위기는 한국이 한 단계 더 도약할 수 있는 절호의 기회가 될 수 있을 것이다. 우리는 이런 힘을 이미 가지고 있다.

위기를 기회로 만들기 위해서는 우리 모두 '세계적으로 생각'하고, '전략적으로 행동'해야 한다. 현재 세계 변동을 잘 이해하고, 우리의 장점과 역량을 지렛대로 최적의 비전과 전략을 수립해야 한다. 그리고 최적값을 실천적으로 찾아서, 강대국이 규정한 세계 질서를 따라가는 국가에서 세계 질서의 가치와 규범을 규정하는 국가로 한 단계 도약해야 한다.

한 단계 도약을 목표로 한-미 산업동맹 강화와 한-미 관계 합리화 전략뿐만 아니라, 한-중, 한-유럽연합, 한-인도, 한-아세안 등 세계와 지역별 상황을 고려한 맞춤 전략을 치밀하게 수립해야 한다.

이를 위해서 우리의 기술과 산업 역량을 지렛대로 활용할 수 있도록 장기 전략과 세심한 계획을 수립하고 추진해야 한다. 특히 'AI 전환(AX)' '디지털 전환(DX)' 시대에 발맞춰 단순노동보다 개념 설계와 고부가가치 숙련노동 역량을 갖춘 일자리가 청년층과 노동 전환의 기회로 연결될 수 있도록 국가와 시장이 함께 지혜를 모아야 할 것이다.

이런 국가 비전과 전략이 절실한 이유는 비단 외생적 요인 때문만은 아니다. 저성장 고착화와 사회 양극화 구조가 정치 양극화까지 강제하고 있는 상황에서 성장과 분배의 균형 발전 전략은 그 어느 때보다 절실하며, 성장과 분배의 균형 발전 전략이 있어야 사회통합과 정치 양극화 극복의 길이 열릴 것이다.

세계적으로 생각하고 전략적으로 행동하는 것은 세계 변동에 대응하는 것은 물론, 한국의 지속적인 성장과 사회통합 두 마리 토끼를 잡기 위한 우리의 사고방식과 자세다. 즉 한국이 세계의 중심이 되자는 사회적, 국가적 주류의식과 사회 문화를 의미한다.

비전과 전략은 화려한 말의 성찬 속에 있는 것이 아니라 국가 목표를 달성하기 위한 구체적이고 실질적인 계획에 있다. 그리고 계획의 실현은 추진할 주체와 제도 및 시스템을 바로 세우는 데서 출발한다. 여기에서 정치의 중요성과 필요성이 나온다. 정치가 비전을 갖고 리더십을 발휘해서 정부와 공공 부문의 혁신을 선도해야 국가의 혁신적 역할이 가능하다. 그런데 우리나라 정치는 김대중 대통령과 노무현 대통령

이후로는 후퇴하고 있는 듯해 책임 있는 정치인의 한 사람으로 몹시 부끄럽고 고민이 많다.

우리 사회에서 정치가 자기 역할을 제대로 하기 위해서는 정치인과 국민 공동의 노력이 필요하다. 정치에 대한 사회적 합의와 기준을 명확히 세우는 국민의 노력이 그 한 축이라면, 다른 한 축에는 정치인의 몫이 있다. 정치인 스스로 현 시기 과제가 무엇인지 분명히 자각하고, 구체적이고 실질적인 비전과 전략을 국민과 소통하고 추진하기 위한 노력이 절실하다. 국민과 정치인의 협업적 노력을 통해 사회적 신뢰와 사회자본을 축적할 수 있다. 그리고 그제야 비로소 국가와 국민의 삶이 지속적으로 성장해나갈 수 있을 것이다.

이 책은 정치의 본령, 오늘날 세계의 변동과 우리의 대응에 대한 고민의 완성이 아니라 출발을 담고 있다. 국민과 함께 치열하게 고민하고 토론하며, 국가와 공동체의 과제에 대해 함께 나눌 수 있는 초대장이 되기를 바란다.

2

정치란 무엇일까

친위 쿠데타, 그리고 깨어있는 시민

2026년 1월 13일 오후 9시 35분, "내란 우두머리 윤석열 전 대통령 사형 구형!"

12·3 내란 우두머리 윤석열의 사형 구형 속보와 소회를 전하는 여러 시민, 지인들의 문자가 연이어 내 휴대전화를 흔들었다. 일정을 마치고 귀가하는 차 안에서 느낀 첫 번째 소회는 '살았구나'였다. 윤석열이 지목한 최우선 정리 대상으로서 느꼈던 공포와 불안, 그리고 1년 넘도록 여전히 종식되지 않는 헌정질서 위협에 대한 불안이 비로소 안심으로 바뀌는

2024년 12월 4일, 비상계엄 해제 요구 결의안 통과 후 공식 브리핑하는 박찬대 원내대표 (출처: 연합뉴스)

순간이었다.

2024년 5월, 야당 민주당 원내대표로 취임한 날부터 긴박했던 역사의 장면이 하나씩 떠올라 내 눈앞을 가득 채웠다. 개혁 입법과 민생 입법에 대한 윤석열 대통령의 연이은 거부권 행사, 김건희 방탄과 정치검찰을 둘러싼 정치 공방, 최초로 국회안을 통과시킨 예산 국회, 윤석열의 내란과 국회의 비상계엄 해제 요구 결의안 의결, 장갑차를 맨몸으로 막으며 국회를 지켜낸 시민, 화기로 무장한 특수부대원에 맞서 국회 본청을 지킨 국회의원 보좌진·당직자와 국회 직원들, 자신도 특수부대 출신이라며 불법 내란에 동원된 군인을 안정시키던 청년, 밤마다 촛불과 응원봉을 들고 여의도 국회 앞으로 달려온 시민, 한강 칼바람을 은박지 한 장으로 버티며 밤새 국회 담장을 지키며 응원하던 여성 지지자, 대통령 선거와 정권교체, 그리고 이재명정부의 탄생. 꼬리를 잇는 장면은 오래전 스스로 던졌던 질문 앞에 다시 멈춰 섰다.

"정치란 무엇일까? 나는 정치를 왜 하는가?"

이 질문의 시작은 서울시청광장에서 수십만 명의 시민들이 노란 물결을 이루며 노무현 전 대통령님의 마지막 길을 배웅하던 2009년 5월 29일로 거슬러 올라간다. 나는 노란 물결 속에서 노 대통령님의 운구를 따라 걸었다. 운구 위에 손을 얹고 "지켜드리지 못해 죄송합니다"를 혼잣말로 되뇌던 중 "민주주의 최후의 보루는 깨어있는 시민의 조직된 힘입니다"라는 노 대통령님의 말씀이 번개 치듯 머릿속으로 들어왔다.

정신을 차리고 보니 다음 날인 5월 30일이었다. 어떻게 시간이 흘렀는지 몰랐다. 아내는 이날 내가 늦은 밤 집에 들어와 밤새 울다 지쳐 쓰러졌다고 했다.

나는 이날부터 '깨어있는 시민의 조직된 힘'을 삶의 화두로 삼았다. 그리고 인천 시민단체들을 찾아다니며 '깨어있는

2025년 1월, 거리에서 시민들과 함께하는 박찬대

시민'이 무엇인지, '조직된 시민의 힘'이 무엇인지 배우기 시작했다. 그리고 '깨어있는 시민의 조직된 힘은 정당과 정치에 있다'는 결론을 마주했다.

2012년 총선에 도전했으나 낙방했다. 그리고 2016년 인천 연수갑에서 다시 도전하여 214표 차로 가까스로 승리했다. 나의 당선으로 민주당은 한 석 차이로 과반을 넘겼다. 그리고 2016~2017년 '박근혜 대통령 탄핵과 촛불혁명', 2024~2025년 '윤석열 대통령 탄핵과 빛의 혁명'을 통해 깨어있는 시민의 힘이 무엇인지 역사의 한가운데에서 목격하고 체험했다. 하지만 난 아직 온전한 답을 찾지 못했다. 윤석열 내란 사태와 내란을 비호하고 동조하는 국민의힘의 행태를 보며 다시 한번 질문이 꼬리를 물고 있었기 때문이다.

윤석열정권의 실패와 국민의힘의 실패로 인한 민주주의 파괴와 경제적 손실은 고스란히 시민의 희생과 고통으로 전가되고 있는데, 왜 저들은 책임을 지기는커녕 어떠한 반성도 없을까? 윤석열과 국민의힘의 행태에 실망을 넘어 분노가 끓어올랐다. 하지만 이를 극복한 우리 시민의 힘을 생각하니 가슴이 다시 뜨거워지고 희망이 일어났다. 윤석열과 국민의힘은 내란으로 한국 민주주의를 유린했지만, 우리 시민은 빛의 혁명으로 'K-민주주의'의 힘을 세계에 알리며 한국의 위상을 드높였다.

세계가 놀란 대한민국의 힘이 어디 이뿐이랴. 식민지와 전쟁의 폐허 위에서 불과 반세기 만에 첨단 산업국가로 우뚝 선 'K-산업'과 '한국형 성장모델'은 세계의 귀감이 되고 있다. 또한 세계가 사랑에 빠진 K-컬처는 K-POP과 드라마, 영화와 소설, 한식과 한복 등을 넘어 한글과 한국인에 대한 신뢰와 한국 배우기로 확장하고 있다.

하지만 박근혜와 윤석열이란 이름 앞에서 다시금 어두운 질문을 마주했다. 세계 곳곳을 'K'로 수놓고 있는 우리 국민이 왜 윤석열을 선택하고, 정치 실패와 국가 실패로 고통을 받아야 했을까? 프랑스 정치학자 알렉시스 드 토크빌(Alexis de Tocqueville)은 "모든 민주주의에서, 국민은 그들의 수준에 맞는 정부를 가진다"고 했다. 윤석열을 선택하기 불과 5년 전에 박근혜 탄핵과 촛불혁명을 경험한 우리 국민은 왜 선택의 실패를 반복할까? 토크빌의 말처럼 우리 국민의 수준이 낮아서일까? 아니다. 결코 우리 시민의 수준 탓이 아니다!

세계가 다시 전쟁과 대결의 시대로 회귀하고, 세계 곳곳에서 민주주의 위기를 직면하는 상황이지만 '민주주의의 마지막 보루'인 우리 시민이 발휘한 힘을 보라. 우리 국민의 수준이 낮아서 정치와 국가 실패가 일어난 것은 아니다. 그러면 한국에서 일어난 국가 실패의 원인은 무엇일까? 나는 정치 실패가 가장 큰 원인임을 자인하지 않을 수 없다.

박근혜 국정농단을 촛불혁명으로 단죄한 우리 국민이 윤석열에게 기회를 준 것은 가슴 아프지만, 민주당도 국민의 기대에 미치지 못했음을 인정하고 여기에서 출발해야 한다. 코로나 위기를 한국의 첨단기술과 적극적인 행정, 높은 시민의식으로 극복하며 경제도 빠르게 회복시킨 문재인정부의 업적에 세계가 놀랐지만, 장기적인 저성장과 고착된 사회 양극화에서 벗어나길 희망하는 우리 국민의 눈높이에 민주당의 실력은 아직 부족했다.

깨어있는 시민의 정치적 기준

민주당이 국민 눈높이에 맞는 정치를 하기 위한 출발점은 어디일까? 반복되는 정치 실패를 예방하기 위한 전제조건은 무엇일까? 이 질문에 대한 나의 대답은 국민의 눈높이에 부합한 정치권력의 '기준'이 있는가에서 멈춰 섰다.

국민의 방향성과 눈높이에 부합하는 정치와 권력을 좋은 정치, 좋은 권력이라 규정해 보자. 좋은 정치와 좋은 권력의 기준이 명확하다면, 정권 교체나 정권 재창출이 정치세력 간의 권력 쟁패가 아닌 누가 더 좋은 정치에 적합한가를 판단하고 선택하는 과정이 될 것이다. 사실 이미 시민은 이런 기준으로 정권을 선택하고 있기는 하지만 말이다.

좋은 정치와 좋은 권력에 대한 기준이 왜 중요할까? '사회적 합의에 기초한 기준'은 그 자체로 강력한 '제도'가 된다. 이 제도는 정치인과 정당에 행동 기준과 범위를 설정한다. 제도가 된 기준은 국민이 정치인과 정당을 평가하고 판단하는 틀이며, 정치인과 정당이 이 틀을 넘어선다면 국민은 심판할 것이다. 기준이 명확할수록 경쟁하는 정치인과 정당은 국민이 정한 기준을 넘어서 누가 더 유능한가를 놓고 경쟁하게 된다. 따라서 좋은 정치권력의 기준에 대한 사회적 합의는 좋은 정치와 정부를 만드는 결정적인 제도가 된다. 토크빌이 말

2024년 12월, 윤석열 탄핵을 촉구하는 박찬대 (출처: 연합뉴스)

한 '국민의 수준'은 좋고 유능한 정부를 규정하는 국민의 선택 기준이며, 이 기준은 곧 정치인과 유권자의 선택과 행동을 규정하는 제도인 것이다.

벌써 4분의 1을 넘어선 21세기 한국 정치사만 돌아봐도 정치권력의 기준에 대한 사회적 합의가 얼마나 중요한지 알 수 있다. 기준이 모호하니 역사적 교훈에도 불구하고 이명박, 박근혜, 윤석열로 이어진 선택 실패가 반복되었다. 그 결과는 개인과 기업, 국가적 재앙의 쓰나미로 되돌아왔다. 그런데도 국민의힘은 실패한 선택이 반복되자 혁신과 변화 대신 기득권 유지를 위해 극우로 변해갔다. 이는 한국 정치와 민주주의, 경제와 민생에 심각한 위기의 원인이 되고 있다.

만약에 이명박, 박근혜, 윤석열로 이어진 보수정권이 성공했다면 한국의 오늘은 어땠을까? 문재인정부와 이재명정부가 전 정권의 실패를 수습하는 데 시간과 역량을 쏟지 않았다면 우리의 오늘은 어땠을까? 정권의 실패와 시민혁명에 의한 국가 정상화의 반복을 거치면서 민주주의와 시민의식이 성장했음에도 불구하고 아쉽게도 우리는 소모적인 실패를 되풀이하고 있다. 이제는 이런 실패의 반복과 결별해야 할 뿐 아니라 실패의 반복을 원천적으로 예방해야 한다. 이는 민주주의의 성숙과 발전을 위해서도 필수이지만, 안정된 정치와 성공적인 정부의 역할이 경제성장과 민생 안정에 가장 중요한 전제이자 요인이기에 필요하다.

그러면 더 좋은 정치권력의 기준은 어떻게 세울 수 있을까? 진영논리에 갇힌 보수와 진보로는 기준을 세우기 어려울 것이다. 어떻게 기준을 세워야 할까?

효과성과 효율성,
좋은 정치의 기준이자 권력의 정당성

좋은 정치권력의 기준을 세우는 데 있어서, 민주주의 위기와 붕괴에 대한 정치 과정을 설명한 후안 린츠(Juan Linz)의 고전적 역작 『The Breakdown of Democratic Regimes: Crisis, Breakdown and Reequilibration(민주주의 체제의 붕괴: 위기, 붕괴, 재평형)』(1978, Johns Hopkins University Press)은 유용한 분석틀을 제공한다. 린츠의 분석에 따르면 민주주의 체제는 '효과성'(Efficacy)과 '효율성'(Efficiency)에서 무능하거나 실패하면 '정통성'(Legitimacy)은 위기에 직면한다. 정통성 위기는 체제의 위기로 이어지고, 이 위기를 타개하지 못하면 민주주의 체제는 결국 붕괴한다. 즉 민주주의 정권의 정통성은 위기 국면에 안정성과 성과를 제공하는 능력에 달려 있다는 것이다.

정통성은 효과성에 기인한다. 효과성은 민주주의 정부가 위기 상황을 극복하고 문제에 대한 해결책을 성공적으로 제시하는 능력을 의미한다. 즉 국민의 요구에 부응하는 '결과'를 만들어낼 때 시민은 정부의 통치 능력에 신뢰를 갖게 된다. 가령 극심한 경제위기에 직면한 정부가 효과적인 정책을 통해 일자리 창출과 경제 안정을 달성했을 때 정부는 효과성을 입증하고 정통성은 강화된다.

효과성이 방향성이라면, 이 방향성 위에서 정권의 실력과 역량을 보여주는 것이 효율성이다. 효율성은 정권이 목표를 달성하는 과정에서 시간과 비용 등 자원을 얼마나 효율적으로 사용하는가에 대한 개념으로 목표 달성의 '과정'에서 경제적 능률에 초점을 맞춘다. 예를 들어 앞에서 말한 대로 정부가 경제위기 극복 정책을 추진할 때, 불필요한 예산 낭비 없이 신속하게 사업을 완료하면 효율적이라고 평가할 수 있다.

린츠는 효과성이 효율성보다 훨씬 근본적이고 중요하다고 설명한다. 민주주의 체제의 붕괴는 위기 자체보다는 위기 상황에서 민주주의 정권이 효과성을 상실할 때 시작된다. 즉 위기 상황에서 정부가 문제 해결 능력을 상실해서 국민의 기대를 충족시키지 못하면, 정당성에 대한 불신이 커지면서 체제와 정권의 정통성은 위기에 직면한다. 그리고 이런 위기의 반영은 보통은 민주적 절차인 선거를 통해서 나타난다. 이때 효율성이 낮아도 국민이 정부의 효과성을 믿는다면 그나마 정통성을 유지해서 기회를 엿볼 수 있다. 하지만 정부가 효과성마저 잃게 되면 심각한 위기에 직면한다.

요약하면 효과성은 '무엇을 할 것인가'(Doing the right thing)라는 '목적의 적절성'에 초점을 맞추고, 효율성은 '어떻게 할 것인가'(Doing things right)라는 '수단의 합리성'에 초점을 맞춘다. 예를 들어 보자. 국가 성장 전략이 모호하거나 부족한 상황에서 효율성만 강조하며 재정 준칙주의를 내미는 정부 예산안은 효과성 자체가 취약해서 효율성을 논하는 것 자체가 의미를 찾기 어렵다. 방향성이 모호하면 효율성을 논하기 어려우며, 이런 상황에서 효율성만 강조한다면 특정 집

단이나 특정인의 이익을 위한 수단으로 전락할 가능성이 크
다. 이처럼 효과성이 취약하면 국민과 유권자의 요구와 지지
에서 멀어지고, 결국 정권의 정당성 토대가 무너진다. 부정부
패와 거듭되는 정책 실패로 국민에게 분노만 안겨준 윤석열
정부는 초부자에게 감세를 선물로 주고, R&D 예산 삭감으로
국가 경쟁력을 흔들고, 민생 예산 감축으로 국민의 삶을 위기
로 내몰았다. 그랬기에 국민은 효과성을 찾지 못했고, 정권은
정당성 위기에 직면해 몰락했다.

백성은 나라의 근본이요, 밥은 백성의 하늘이다

'정치란 무엇일까? 나는 정치를 왜 하는가?'라는 질문에 답을
구하는 짧지 않은 여정은 나의 정치철학을 확립하는 과정이
기도 했다. 나의 정치철학 열쇳말은 한마디로 "백성은 나라의
근본이요, 밥은 백성의 하늘이다"로 정리할 수 있다. 그리고
내 정치 목적의 열쇳말은 '정치의 효능'과 '유능한 정치'이다.
　　정치의 효과성을 국민과 시민이 체감하는 것이 효능감이
기에 정치 효과성은 곧 효능이다. 앞서 정치권력의 효과성은
'무엇을 할 것인가'라는 목적의 적절성에 초점을 맞춘다고 했
다. '무엇을 할 것인가'이란 말에서 알 수 있듯이 정치권력이

올바른 일을 하는 것이 중요하다. 즉 정치의 본령이 효과성의 핵심이다. 정치의 본령은 무엇일까?

정치의 본령은 국민의 안녕과 행복에 있다. 우리나라 인사말에도 담긴 '안녕'의 의미는 걱정이나 탈이 없는 평안함을 뜻한다. "안녕하세요"란 인사말은 상대방의 평안을 기원하는 말이다. 안녕과 행복의 최소 조건은 '배부르고, 등 따신' 데 있다. 좀 멋있게 말하자면 세종대왕께서 말씀하신 '민유방본 식위민천'(民惟邦本 食爲民天)이다. 앞서 밝힌 나의 정치철학인 "백성은 나라의 근본이요, 밥은 백성의 하늘이다"는 여기서 가져왔다. 현대 민주주의 정치론으로 봐도 '백성은 나라의 근본이다'라는 말은 민주주의의 본령을, '밥은 백성의 하늘이다'라는 말은 정치의 본령을 각각 잘 표현하고 있다.

세종의 정치철학은 역사 문명의 시작부터 정치의 본령이었다. '민유방본 식위민천' 사상은 사마천의 『사기(史記)』 「역생육가열전(酈生陸賈列傳)」에 "왕은 백성을 하늘로 여기고, 백성은 먹는 것을 하늘로 여긴다"(王者以民人爲天而民人以食爲天)라고 처음 기록되었다.

『논어(論語)』 「헌문편(憲問篇)」을 보면 "만약 관중이 천하를 바로잡지 않았다면 우리는 아직 오랑캐로 살아야 했을 것"이라며 공자가 관중을 높이 평가하는 대목이 나온다. 관중이 예의염치(禮義廉恥) 덕목으로 문명국가의 기틀을 세웠기

2025년 7월, 수해 현장을 찾은 박찬대 (출처: 연합뉴스)

때문이다. 관중은 중국 춘추시대에 제나라 환공을 '춘추 5대 패자'으로 만든 명재상이다. 그의 정치철학은 '백성들은 곳간이 가득 차야 예절을 알고 의식이 풍족해야 영예와 치욕을 안다'(倉庫實則知禮節 衣食足則知榮辱)는 말로 요약할 수 있다. 관중은 나라의 근본이 되는 백성이 경제적으로 풍족해야 '예의염치'가 바로 선 문화 대국이 될 수 있다고 했다. 그리고 백성이 잘살아야 군사 대국도 가능하고 나라가 유지된다고 했다.

고대로부터 이어진 질문과 대답을 찾느라 어렵게 얘기했지만 사실 명쾌하다. '정치'(政治)라는 단어 자체가 이미 '민유방본 식위민천 사상'을 담고 있다. '정'(政)이라는 글자를 나눠 보면 '정'(正)은 '바르다'는 뜻이고, '복'(攵)은 '일하다, 힘쓰다'는 뜻이다. 즉 '바르게 만들기 위해서 힘쓴다'는 의미이다. '치'(治)는 권력자가 하늘을 보고 천기를 헤아려 '물을 다스린다'는 이야기가 담겨 있다. 즉 '치'란 경제에 유능해서 나라의 이익과 백성의 행복을 뜻하는 '국리민복'(國利民福)을 담고 있다.

정치란 말은 이미 '민유방본 식위민천', 즉 민주주의와 경제발전, 국민의 안녕과 번영을 담고 있다. 이것이 정치의 궁극적인 목표이자 역할임을 보여준다. 오늘날 한국 정치가 이를 잘 보여주고 있다. 윤석열정권이 몰락한 이유가 국민의 안녕과 민생을 외면하고 사익을 좇느라 국익을 외면했기 때문이다. 반면 현재 이재명 대통령의 높은 지지율에는 '하루가 30시간이면 좋겠다'며 경제와 민생 회복을 위해 뛰고 있는 간절함에 그 배경이 있다.

3

제3의 도약, G3

전환의 시대, 전환의 세계

정치의 본령과 효능이 '백성은 나라의 근본이요, 밥은 백성의 하늘이다'라는 데 있다면, 이것을 잘하는 정치가 유능한 정치일 것이다. 즉 정치인은 민주주의와 경제성장의 균형과 발전에 유능해야 한다. 유능한 정치의 출발은 시대정신을 잘 이해하고, 시대의 과제를 책임지고 실현하는 데 있다. 오늘의 시대정신과 과제의 핵심 키워드는 무엇일까? 나는 '전환'과 '대응'이라고 생각한다. 지금 이 시대의 특성을 한마디로 규정하면 '전환'이고, 우리나라와 우리 국민의 성장과 자유는 전환에 얼마나 잘 '대응'하는가에 달려 있기 때문이다.

현재 세계의 특징은 한마디로 '대전환기'이다. 미국과 중국의 패권 경쟁이 가장 중요한 전환 요인이지만, 그 안에는 AI 시대의 도래와 디지털·에너지 전환, 이로 인한 기술 전환과 산업 전환은 산업과 무역 및 공급망 등 세계 경제의 근본과 전반의 전환을 불러오고 있다. 특히 미국과 중국이 주도하는 기술 전환과 산업 전환은 전통적인 제조업 강국이자 세계 경제를 주도하던 독일과 일본마저 위기로 내몰고 있다.

유럽과 일본의 위기는 AI와 디지털 전환에 대응하지 못했기 때문이다. 실례로 반도체와 LED, 배터리와 조선 등을 한국에 내준 일본은 AI와 전기차로의 전환에 대응하지 못하면서 '잃어버린 시간'의 터널은 아직 끝이 보이지 않고 있다. 기술과 산업 전환뿐만 아니라 밸류체인과 공급망 전환에 맞춘 대응력 부족도 주요 원인이다. 실례로 중국 수출을 발판으로 승승장구하던 독일의 자동차 산업은 중국의 전기차 수출로 인해 오히려 역전됐고, 이것은 독일 제조업 위기와 일자리 및 내수 위기의 구조적 원인이 되고 있다. 이런 기술과 산업 및 세계 경제구조 전환은 기술·산업·무역·공급망 등 경제 전반에 걸쳐 안보화를 촉발했다. 그 결과 세계는 자국 우선주의 무한경쟁에 들어섰다.

자국 우선주의 무한경쟁은 필연적으로 기술·경제 안보화

경향을 더욱 고도화시킨다. 주요 선진국은 무한경쟁과 경제 안보의 시대에서 전략적 자율성(Strategic Autonomy)과 전략적 불가결성(Strategic Indispensability) 확보로 우위를 점하기 위한 전략적 행보를 강화하고 있다. 그리고 무한경쟁과 경제 안보 심화는 급기야 세계 곳곳에서 전쟁으로 이어지며 구조적 위기와 기존 질서의 급격한 해체를 불러오고 있다.

전략적 자율성과 전략적 불가결성

전략적 자율성은 어떤 상황에서도 다른 국가에 과도하게 의존하지 않고, 자국의 이익에 기반하여 독자적인 외교·안보 및 경제정책을 결정하고 집행할 수 있는 능력이자 국민 생활과 경제 운영의 틀이다. 전략적 자율성이 높으면 강대국 사이에서 선택을 강요받지 않아도 된다. 그런 점에서 경계선에 서 있는 한국 입장에서도 전략적 자율성은 매우 중요하다. 따라서 핵심 기술 내재화, 공급망 다변화, 국방력 강화와 같은 구체적인 목표를 설정해야 한다. 대표적으로 소재와 장비에서 국산 기술과 소부장 기업의 혁신은 시급한 숙제이다.

전략적 불가결성은 글로벌 산업 지형에서 한국의 산업이나 기술의 존재가 불가결한 분야를 갖는 것을 뜻한다. 글로벌 산업 지형에서 한국의 핵심 기술, 자원, 부품 등이 경쟁국의 것으로 대체할 수 없도록 하는 것이다. 전략적 불가결성이 높으면 글로벌 공급망에서 어느 누구도 한국을 배제할 수 없는 기술 주권을 확보할 수 있다. 또한 그 공급망에서 '초격차'를 유지하여 경쟁국이나 다른 국가의 취약점을 파악하고 우위를 점할 수 있는 전략적 무기를 보유할 수 있게 된다.

그 대표적인 사례로 AI 산업의 핵심이라 할 수 있는 고대역폭 메모리(HBM) 시장에서 독보적인 기술력과 생산 능력을 가진 삼성전자와 SK하이닉스의 질주가 있다. '한국이 없으면 세계 AI는 멈춘다'는 푸념은 더 이상 과장이 아니다. 물론 세계 어떤 나라도 반도체 산업에서 스스로 자급적 완결성을 가질 수는 없다. 다만 한국은 그 생태계 안에서 전략적 불가결성을 통해 경쟁력을 확보할 수 있다.

경제 안보와 전쟁은 기존 세계 질서가 위기에 직면했다는 뜻이다. 새로운 질서는 기존 질서를 흔들고 밀어내며 도래한다. 중국의 '일대일로'(一帶一路)는 미국과 유라시아 대륙에서 아프리카까지 세계 곳곳에서 기술과 경제, 교육과 문화, 군사와 안보, 정치와 외교 등 전반에 걸쳐 충돌하고 있으며, 대만해협을 둘러싼 군사적 긴장도 하루가 다르게 높아지고 있다. 이 충돌은 세계 질서가 재편되고 안정기로 접어들 때까지 지속될 것이다.

미국 초일극 시대의 위기는 중국을 위시한 러시아, 인도, 브라질 등 여러 신흥 강국의 도전을 뜻하며, 리더십이 흔들리자 유럽과 중동을 포함해서 세계 곳곳의 갈등은 전쟁으로 비화하고 있다. 장기전으로 돌입한 러·우 전쟁은 유럽의 저가 에너지 시대 종말, 국방비 증가와 천문학적으로 늘어나는 우크라이나 지원비, 많은 서유럽 국가의 복지와 재정 위기를 가속하는 우크라이나 난민 등 경제적 위기와 사회 갈등의 원인을 제공하며 유럽의 후퇴를 가속시키고 있다.

중국과 러시아의 강력한 도전과 자국의 천문학적 재정적자와 무역적자에 미국은 세계 경찰의 역할을 내려놓기 시작했다. 거기서 한발 더 나아가 관세 폭탄을 휘두르며 기존 다자주의 세계 질서를 무시하고 자국 이기주의와 불안 요소를 세계로 확산하고 있다. 미국의 이익을 최우선하겠다는 트럼프 대통령식 먼로주의인 '돈로주의'(도널드 트럼프+먼로)와 그린란드 점유 시도는 미국과 유럽의 대서양동맹마저 위기로 내몰았고, 유럽 국가의 정상들이 앞다퉈 중국을 방문하도록 사실상 부추겼다. 기술과 경제에서 안보와 동맹까지 전면적인 변화와 전환의 시대로, 자본주의와 산업혁명이 불러온 대전환의 시대에 버금가는 세계사적 대전환기다.

세 번째 도약의 순간, 바로 지금 한국

많은 사람은 세계사적 대전환기 현상을 위기로 보고 있다. 사실 미·중 패권 경쟁 사이에 낀 한국을 보면 위기라는 진단은 타당하다. 그러나 나는 우리나라가 대전환기에 효과적으로 대응한다면 한국은 세계 가치와 질서를 규정하는 세계 중심국가로 도약할 수 있다고 본다. 더욱이 우리나라와 우리 국민은 앞서의 전환 시대와 위기를 도약의 기회로 만들었기에 작금의 전환과 위기를 승리와 도약의 기회로 만들 것이라 확신한다.

해방 이후 한국은 두 번의 도약이 있었고, 이제 세 번째 도약의 기회를 맞이하고 있다고 본다. 첫 번째는 '한강의 기적'으로 상징되는 20세기 하반기다. 이 시기에 한국은 식민지와 전쟁의 폐허, 분단과 냉전이란 극악한 조건에서 산업화와 민주화를 동시에 이룬 세계에서 유일한 국가로 도약했다. 한국은 세계 최빈국에서 아시아의 네 마리 용 중 하나인 신흥 산업국가로 급속한 경제성장을 이룩했으며, 20세기의 변방인 아시아가 21세기의 중심으로 올라서는 데 견인차 역할을 하였다.

한국의 두 번째 도약은 김대중-노무현정부가 기반을 다진 정보화 혁명이다. 한국은 정보화 혁명을 발판으로 기술·

산업 선진국과 문화강국으로 발돋움했다. 고도성장기에 토대를 닦은 자동차, 조선, 반도체, 방위 산업 등과 같은 제조업 기반 위에 디지털 전환의 토대를 구축함으로써 한국은 산업화와 민주화를 동시에 이룩한 유일한 국가를 넘어 개발도상국에서 선진국으로 진입한 유일한 국가가 되었다.

이 시기 한국은 저위기술과 세계 하청공장을 넘어 고위기술의 산업통상국가로 발돋움했다. 현대차와 삼성전자와 같은 대기업은 글로벌 기업으로 성장했고, 네이버와 카카오 등 수많은 IT 벤처기업이 신성장 견인차로 등장했다. 한국의 선도기술과 산업이 이차 배터리와 바이오 등 새로운 분야로 확장 및 성장하면서 한국은 명실상부한 기술강국으로 성장했다. 한국의 기술과 경제발전은 지렛대가 되어 K-POP이라 불리는 대중음악은 물론 영화와 드라마, 화장품과 패션, 관광과 음식, 한글과 한국 역사 등 세계를 한류 열풍 속으로 빨아들였다.

한국의 세 번째 도약의 시기는 바로 지금 대전환기이다. 기술 전환과 산업 전환은 기회이자 위기이다. 한국은 현재 일본이나 독일과 유럽에 비해 AI-디지털 전환에 비교적 잘 대응하고 있으며, 자동차와 조선, 방위 산업, 반도체, 배터리 등 제조업도 경쟁력을 유지하고 있다. 반면 일본과 독일은 AI 전환은커녕 디지털 전환을 주도하는 IT 기업을 찾아보기 어려

연설하는 박찬대 (출처: 연합뉴스)

운 상황이다.

특히 유럽은 그동안 안보는 미국에, 에너지는 러시아에 의존하며 번영과 복지를 누렸다. 그러나 미국의 돈로주의와 러·우 전쟁으로 천문학적인 안보 비용과 높은 에너지 비용 등 새로운 난관과 도전 요인에 적응해야 하는 상황이다. 반면 한국은 안보와 에너지 관련 위기 요소를 이미 반영하고 대응해 왔다. 따라서 첨단제조업 고도화와 AI-디지털 전환의 균형성장 전략을 세우고 추진한다면 독일과 일본을 넘어 세계 3대 기술·산업강국으로 발돋움할 수 있을 것이다.

하지만 세 번째 도약은 저절로 우리에게 오지 않는다. 더욱이 한국은 유럽이나 일본과 비교해서 내수 시장은 작고, 주요 행위자로 세계 시장에 등장한 시간은 짧아 영향력이 약하다. 따라서 한국이 미국과 중국이 주도하는 기술과 산업 전환에 뒤처지거나 효과적인 대응에 실패한다면 정체와 위기는 유럽이나 일본에 비해 더 클 것이다. 따라서 세 번째 도약은 더 정교하게 준비된 국가 목표와 전략이 필요하다.

전환 시대의 대응,
전략국가와 세계 3대 강국(G3)

내가 생각하는 세 번째 도약의 열쇳말은 바로 '전략국가'다. 첫 번째 도약으로 '산업국가', 두 번째 도약으로 '기술국가'로 올라섰다면, 세 번째 도약의 목표는 '전략국가'로 발돋움하는 것이다. 다시 말해 전략국가는 전환 시대의 대응 전략이자 목표이다. 전략국가란 '세계 질서의 규범과 가치를 규정하는 국가'를 의미한다. 한국이 전략국가로 도약한다는 것은 세계 중심국가 중 하나가 되어 세계 질서와 경제발전에 주도적 역할을 한다는 의미다.

세계 질서는 크게 세 축으로 볼 수 있다. 하나는 '경제축'이다. 여기에는 기술 요소와 공급망 요소를 포함해서 무역,

통화, 금융, 직접투자 등을 포괄한다. 다른 축은 '안보축'이다. 여기에는 군사, 안보, 동맹 등을 포괄하며 최근 전환기는 기술과 데이터, 에너지, 자원, 무역, 해외투자 등 거의 모든 경제 요소가 안보적 관점에서 다뤄지고 있다. 끝으로 '문화축'이다. 경제와 안보가 하드파워로 직접적으로 통제하고 개입하는 힘으로 나타난다면, 문화축은 문화, 이념, 정책, 매력 등을 통해 상대방의 신뢰를 얻고 스스로 따르게 만드는 소프트파워를 의미한다.

문화의 힘은 미·중 패권 경쟁과 전 세계가 전쟁과 자국 이기주의로 충돌하고 있는 상황에서 한국이 추구해야 할 방향성이기도 하다. 미국의 저명한 정치학자 찰스 쿱찬(Charles A. Kupchan)은 '미국이 서구 자유민주주의를 절대적 선으로 보고 이 기준과 체제를 세계에 강요하는 것이 오히려 미국의 리더십과 세계 평화에 역효과를 내고 있다'고 진단한다. 심지어 전쟁마저 불사한 자유민주주의 확산 전략은 미국의 과도한 재정적자와 정치 양극화의 원인을 제공했다고 평가한다. 쿱찬은 대안으로 '서구 민주주의 체제'를 절대적 기준으로 강요하는 리더십이 아니라 다극화된 세계의 핵심 가치로 '책임성'을 제안한다. 책임성이란 '세계 평화와 호혜, 그리고 자국민의 안정적 삶을 중심에 둔 리더십'이다.

세계사적 대전환기는 세계 경제와 안보는 물론 국제질서

와 문화적 방향성에 대한 새로운 가치와 규범을 요구하고 있으며, 경제축을 지렛대로 세계가 공생할 수 있는 가치와 규범을 제도로 규정하는 리더십을 요구하고 있다. 바로 여기에 한국의 전략적 방향성을 세워야 한다. 한국은 첨단기술과 세계 공급망을 주도하는 경제력을 지렛대로 문화 리더십을 발휘해서 경쟁과 전쟁의 시대를 공생과 평화의 시대로 전환시키는 전략국가가 되어야 한다.

하지만 전략국가의 방향성은 이상주의를 넘어 현실주의적인 목표이다. 우리가 전략국가로 성장해야 하는 가장 중요한 이유는 '생존'이기 때문이다. 대전환기는 위기이자 기회라고 했다. 우리가 전략국가로 성장하지 못한다면 한국의 앞날은 정체와 후퇴만 있다. 기회를 잡지 못하면 더 큰 위기에 직면한다. 과거 산업혁명기에 기회를 잡은 유럽과 그렇지 못한 국가의 운명이 지금까지 극명하게 나뉜 것을 상기해야 한다.

전략국가로 성장하지 못하면 위기를 맞게 되는 가장 직접적인 이유는 역설적으로 한국이 이미 세계 기술과 산업 선도국가와 경쟁하는 수준에 올랐기 때문이다. 한국은 현재 세계 GDP 3위와 4위의 경제 대국인 독일, 일본과 맹렬히 경쟁하고 있다. 반도체, 배터리, LED, 가전, 조선, AI 휴머노이드 등 많은 주요 산업 분야에서 한국은 독일과 일본을 넘어섰다. 그리고 거의 모든 분야의 주요 제조업에서 한·독·일 삼국은 치열하게 경쟁하고 있다.

단적인 예로 2025년 세계 자동차 판매량을 보면, 일본의 토요타 그룹 1위, 독일의 폭스바겐 그룹이 2위, 우리나라의 현대기아차 그룹이 3위를 차지하며 한·독·일이 맹렬히 경쟁하고 있다. 브랜드 파워를 엿볼 수 있는 미국 프리미엄 자동차 시장에서 한국의 추격이 대단하다. 현대 제네시스는 2016년 미국 프리미엄 자동차 시장에 처음 진출한 지 10년 만인 2025년에 총 8만 2,331대를 판매해 인피니티(5만 2,846대)를 크게 앞서며 혼다 아큐라와 미국 링컨에 이어 6위에 올라섰다. 빅3인 벤츠와 BMW, 렉서스가 각각 30만 대를 넘는 판매량을 기록하고 있지만, 5위인 미국 링컨은 2026년이면 추월할 것으로 업계는 전망하고 있다. 제네시스의 2020년 미국 판매량이 1만 6,384대로 인피니티 7만 9,502대의 20% 수준이었는데, 불과 5년 만에 크게 역전했다.

수출국가인 한국과 일본의 치열한 경쟁은 수출 규모에서 단적으로 드러난다. 일본 뒤를 바짝 뒤쫓던 한국은 2025년 수출액에서 7,000억 달러를 돌파하며 처음으로 일본을 앞질렀다. 한국은 세계 6번째로 '7,000억 달러 수출 클럽'에 진입했다. 《동아일보》에 따르면 2025년 일본의 수출액은 약 6,958억 6,984만 달러(110조 4,480억 600만 엔, 한화로는 약 1,021조 5,667억 원)인데, 반도체와 자동차가 수출을 주도한 한국은 총 7,094억 700만 달러(약 1,041조 1,966억 원)로, 한일 양국의 수출액 격차는 약 135억 3,716만 달러, 원화로는 약 19조 6,299억 원이다.

　세계 안보 질서가 흔들리면서 수요가 급등하고 있는 세계 방위 산업 시장에서 한국과 독일의 경쟁은 산업 패키지를 동반한 외교전으로 치닫고 있다. 한국의 전차와 자주포는 물론 다연장로켓 등 다양한 K-방위 산업이 독일 방위 산업을 압도하고 있으며, 60조 원 규모의 캐나다 잠수함 사업에서도 한국 한화오션과 독일의 TKMS가 최종 후보로 경쟁하는 등 세계 방위 산업시장의 새로운 강자로 한국이 부상하고 있다.

　독일의 안방인 나토에서 한국 방위 산업의 성장은 더욱 눈부시다. 스웨덴 싱크탱크 스톡홀름국제평화연구소(SIPRI)에 따르면 2020~2024년 나토 회원국에 대한 무기 수출에서 한국은 미국에 이어 프랑스와 함께 6.5%의 점유율을 기록하며 공동 2위에 올랐다.

　특히 탱크와 야포는 한국이 미국을 제치고 전 세계에서 가장 많이 인도했으며, 전투기 부문에서도 미국과 프랑스에 이어 3위를 기록했다. 이런 성장에 힘입어 우리 정부는 2025년 세계 무기 수출 10위(점유율 2.2%)를 기록한 방위 산업 수출 목표를 2030년까지 세계 무기 수출 점유율 6%, 세계 4대 방위 산업 수출국 도약으로 잡고 있다.

물론 탄소섬유나 반도체 장비 등과 같은 소재와 장비에서 일본과 유럽에 의존하는 분야도 아직 많다. 하지만 한국의 기술·산업 경쟁력은 추격 속도를 높이고 있다. 실례로 미국-독일-일본이 독점하는 터빈 분야에 두산이 진출하기 시작했고, 일본 토레이가 사실상 독점하고 있는 첨단 탄소섬유 기술을 효성이 개발함으로써 향후 우주항공 산업을 포함한 최첨단 소재 시장의 경쟁을 예고하고 있다. 공작기계 자동제어 전자모듈을 말하는 CNC(Computer Numerical Control) 시스템은 제조 원가의 30~40%를 차지하는 핵심 기술로 그동안 일본과 독일 수입 의존도가 95%가 넘었는데 개발 5년 만에 국산화에 성공하며 두 나라에 도전하기 시작했다.

아직 포토레지스트와 같이 일본에 절대적으로 의존하고 있는 소재도 있지만, 첨단 소재와 장비에서 국산화 및 세계 시장 경쟁은 반도체 분야에서도 일어나고 있으며, 이는 삼성전자와 같은 글로벌 기업의 경쟁력과 초격차로 이어지고 있다. 대표적인 사례로 CNT 펠리클과 EUV 블랭크 마스크를 들 수 있다.

미세한 EUV 회로패턴을 웨이퍼에 찍어내는 마스크의 기초 재료인 EUV 블랭크 마스크나 노광 공정 중에 EUV 블랭크 마스크 표면에 먼지나 이물질이 붙는 것을 막아주는 보호막인 탄소나노튜브(CNT) 펠리클은 그동안 일본에 의존해

왔다. CNT 펠리클과 EUV 블랭크 마스크는 차세대 반도체 미세 공정인 극자외선(EUV) 리소그래피 공정의 핵심 기술로, 높은 수율(결함이 없는 합격품의 비율)과 생산성을 달성하기 위한 필수 소재이다. 그동안 CNT 펠리클은 일본 미쓰이화학이 독점해왔는데, 2나노 이하 공정에서 이 소재가 고열에 녹아버리는 치명적 결함을 드러냈다. 이것이 삼성전자 2나노 공정의 낮은 수율의 원인 중 하나였다. 2나노 공정의 수율 문제는 삼성전자가 파운드리(반도체 위탁생산) 사업 경쟁력과 직결되는 문제였기에, CNT 펠리클과 EUV 블랭크 마스크 문제는 전략적인 기술 문제였다.

이 문제를 우리의 중소기업이 해결했다. 우리나라의 소재 중소기업인 에프에스티의 CNT 펠리클은 탁월한 열전도율을 바탕으로 고가의 노광 마스크 수명을 비약적으로 연장시킴으로써, 삼성전자는 2나노 공정에서 수율 개선과 마스크 교체 비용을 절감할 수 있게 되었다.

여기에서 주목할 지점이 하나 더 있다. 삼성전자와 에프에스티의 사례에서 볼 수 있듯이, 한국 반도체는 생산 공정의 소재와 장비 국산화를 꾸준히 시도함으로써 안정적인 K-공급망과 기술력을 확보하고 있다. 한국 기술과 산업이 전략적 자율성과 전략적 불가결성에 기여함으로써 우리나라의 국격과 국제적 위상이 강화하고 있음을 알 수 있는 대목이다.

한국의 지위 변화는 독일과 일본을 넘어 AI 전환을 놓고 미국, 중국과도 치열하게 경쟁하는 단계로 올라섰다. 실례로 CES 2026에서 공개한 보스턴다이나믹스의 휴머노이드 로봇 '아틀라스'는 세계에 강력한 충격을 안겼다. 이는 중국과 미국의 AI 로봇 기술에 한국이 한참 뒤졌다는 우려를 단숨에 씻었을 뿐만 아니라, AI 휴머노이드의 기준을 제시한 쾌거이다.

CES에서 아틀라스 소식에 앞서 삼성전자 역시 굉장한 뉴스를 세상에 알렸다. 온디바이스 AI에 최적화된 GPU를 삼성전자가 독자 개발에 성공했다는 소식이었다. 삼성전자는 2027년부터 자체 스마트폰에 독자 개발한 GPU를 탑재할 예정이다. 이는 연간 수조 원에 달하는 기술료 절감으로 삼성전자의 수익률이 크게 올라간다는 뜻이다. 삼성전자는 이미 독자적으로 NPU를 개발 및 탑재해서 디바이스 AI 기능을 강화했는데, 자체 GPU가 완성되면 온디바이스 AI 성능이 한층 더 향상될 것은 물론, 온디바이스 AI 시대를 주도하게 될 것이다. 더욱이 온디바이스 AI 생태계는 스마트폰뿐만 아니라 확장현실(XR) 기기, 자율주행차, 휴머노이드 로봇 등 다양한 온디바이스 플랫폼을 포괄하고 있기에 삼성전자 혁신의 확장성은 무한하다.

현대차의 로봇 AI와 자율주행차와 삼성전자가 협업을 한다면 어떤 미래가 열릴까? 상상만 해도 마음이 설렌다. 더 반가운 것은 삼성전자가 개발한 GPU는 TSMC가 접근하지 못하는 GAA(Gate-All-Around) 공정을 도입 및 성공시킴으로써 발열을 획기적으로 줄이고 에너지 효율은 대폭 높여서 확실히 초격차를 벌렸다는 점이다. 더욱이 삼성전자는 GPU 개발로 메모리, 시스템 반도체(팹리스), 파운드리, 패키징을 아우르는 진정한 의미의 종합반도체기업(IDM, Integrated Device Manufacturer)으로 발돋움했을 뿐만 아니라 세계 반도체를 선도하는 글로벌 리딩 기업의 위상을 공고히 한 것이다. 나만의 생각인지는 모르지만 팹리스 기업인 엔비디아의 젠슨 황 대표가 한국을 찾은 것은 게임체인저 삼성과의 관계를 다지기 위해서라는 느낌마저 든다.

이처럼 자율주행차 부문과 전기차에서 테슬라와 치열하게 경쟁하고 있는 현대차, 세계 최고의 종합반도체기업으로 AI와 반도체 시장을 선도하고 전고체 배터리 상용화를 선도하며 세계 전기차 시장의 변화와 피지컬 AI의 새로운 가능성을 이끄는 삼성 등 한국은 미·중과 AI와 에너지 전환 선도를 놓고 치열하게 경쟁 중이다.

그러나 미·중과의 관계는 경쟁만 있는 것은 아니다. 중국과는 거의 전 분야에서 가장 치열한 경쟁상대이자 중요한 협력 파트너가 되었다. 미국 역시 조선과 방위 산업, 한·미반도체동맹 등에서 볼 수 있듯이 협력과 경쟁이 공존하고 있어, 더 세심한 전략적 접근을 요한다. 그러면 전략국가로의 도약은 직관적으로 어떤 수준이나 국제적 위상을 의미할까? 그것은 기술과 경제에서 안보와 문화까지 독일과 일본을 뛰어넘어 미국, 중국과 함께 세계 경제 질서를 규정하는 세계 3대 강국 즉 'G3'를 의미한다.

4

전략국가를 제안한다

미션! 표준과 제도를 장악하라

‘기술국가’에서 ‘전략국가’로 발돋움을 통해 ‘G3’가 되자는 비전은 결코 허황된 꿈이 아니다. 함께 뜻을 모으고 정교하게 준비한다면 충분히 이뤄낼 수 있는 현실적 목표다. 필요한 것은 정부와 산업, 국민이 각자의 영역에서 ‘세계적으로 사고하고 전략적으로 행동하는 것’이다. 3장에서 ‘세계적 사고’에 초점을 맞췄다면, 이 장에서는 ‘전략적 행동’에 초점을 맞추고자 한다.

내가 생각하는 전략적 행동의 열쇳말은 ‘표준’과 ‘제도’

다. 전략국가가 '세계 질서의 가치와 규범을 규정하는 국가'라고 정의한다면, 그다음엔 '어떻게 가치와 규범을 규정할 것인가?'라는 질문과 맞닥뜨린다. 즉 '어떻게 행동하는 것이 전략적 행동인가?'라는 질문에 대한 실천적 방향성의 열쇳말이 '표준과 제도'다. 한국이 기술국가로 발돋움하는 과정까지는 세계 강대국이 규정한 질서와 제도 위에서 합리적 선택과 행동을 하면 충분했다. 하지만 미래의 전략국가 한국은 세계 기술과 제도를 규정하는 역량과 전략을 갖춰야 한다.

기술국가는 좋은 재화를 합리적 가격으로 시장 경쟁력을 확보함으로써 수출주도성장을 이뤄왔다. 전략국가라면 세계 시장에서 수출 경쟁력 확보를 뛰어넘어 한국의 기술 표준과 밸류체인 및 공급망을 구축해야 하며, 이를 적극적으로 보장할 수 있는 산업과 금융 등 관련 제도를 갖춰야 한다. 이 제도들이 우리 기업과 인재가 세계에서 마음껏 날개를 펼칠 수 있게 도와줄 것이다.

따라서 전략국가 한국은 세계 표준과 제도를 구축하기 위한 전략적 행동에 초점을 맞춰 국가역량을 집중해야 한다. 특히 기술과 산업에서 앞서 말한 전략적 자율성과 전략적 불가결성에 초점을 맞춰 전략적 기술을 선정하고, 이 기술 분야를 전략화하기 위한 국가 투자와 지원을 적극적으로 펼쳐야 한다.

2024년 12월, 현충원에 참배하는 박찬대

표준과 제도를 선도하거나 규정할 수 있는 국가역량에 초점을 맞춘 전략적 행동은, 실천적이고 직관적으로 표현하면, 한국이 세계 기술과 산업을 선도하거나 최소한 다른 주요 선도국가와 함께 세계 표준을 규정하는 것이다. 기술에서 제도까지 한국이 선도할 수 있는 분야와 지역에서는 확실히 선도해야 하고, 독자적으로 선도하기 어려운 분야와 지역에서는 세계 기술 표준과 제도를 규정하는 선도국가의 일원이 되어야 한다.

세계 표준과 제도를 규정하는 전략국가는 10년, 20년, 30년을 내다보며 미래 게임체인저 기술에 투자하여 세계 표준을 세우고, 더 나아가 밸류체인과 공급망 구축 등 세계 산업지도와 아키텍처를 설계하고 구현해야 한다. 그리고 이를 뒷받침하는 금융과 해외직접투자, 관세와 무역, 투자 유치와 지원, 교육과 혁신생태계, 행정 지원 등을 포함한 제도와 물적 인프라를 설계하고 국내와 세계에 구축해야 한다. 즉 전략국가로 발돋움하기 위해서는 화려한 미사여구로 포장된 비전을 넘어 명확한 목표와 모든 요소와 관계가 구체적이고 실질적이며 유기적으로 작동하는 실행계획이 필요하다.

한국이 추구해야 할 전략적 표준과 제도의 핵심 요소는 무엇일까? 나는 'K-기술 표준, K-밸류체인과 공급망, K-금융'이라고 생각한다. 국가 비전과 전략의 초점이 국내 기술과 산업 발전을 넘어, 한국 기술이 세계 기술 표준을 선도하거나 주요 국가와 함께 세계 기술 표준을 규정하는 제도 수립에 초점을 맞춰야 한다. 또한 한국의 기술과 기업을 중심으로 세계 밸류체인과 공급망 구축 및 원활한 사업을 가능케 하는 제도 구축과 이를 뒷받침하는 적극 외교와 정책금융 등에 초점을 맞춰야 한다.

이와 같은 전략 전환은 한국이 '퍼스트 무버'(first mover, 선도국가)가 되어야 대전환기에 전략국가로 성장하고 그 지위를 유지할 수 있기 때문이며, 이는 곧 자국의 기술과 기준을 세계 제도와 질서로 규정할 수 있는 국가역량을 의미하기 때문이다. 한국은 작은 내수 시장과 배후 시장의 부재, 척박한 자원, 지정학과 지경학적 약점에도 불구하고 사람의 힘으로 산업통상국가와 기술국가로 도약했다. 하지만 이 도약의 시간은 '패스트 팔로워'(fast follower), 즉 '발 빠른 추격국가'의 역사였다. '추격국가 한국'은 당시의 선도국가가 정한 기준과 제도 위에서 기준과 제도의 빠른 추격을 목표로 국내 제도와 혁신을 설계하고 다그쳤다.

그러나 오늘날 세계는 더 이상 추격국가 한국에게 기회를 주지 않는다. 대전환기는 기존 질서나 시스템의 변동을 의미하기 때문에, 이 변동의 방향성을 규정하는 선도국가가 변동기 주도권을 쥘 뿐만 아니라 그 이후 질서와 제도도 규정한다. 즉 안정기에는 추격국가가 기존의 기준과 제도를 빠르게 추격하면 성공의 기회가 열리지만, 전환기에는 기준과 제도를 규정하는 선도국가가 되어야 이후 질서가 안정기에 접어들어도 지속적으로 전략국가 지위를 유지하며 지속 가능한 성장과 국익을 이뤄낼 수 있게 된다.

선도국가가 되어야 하는 직접적이고 구체적인 목적은 저성장 고착화 위기에 놓인 한국 경제가 지속적으로 성장할 수 있는 혁신 체제로 전환하고, 그 열매가 좋은 일자리 확대를 통해 모든 국민이 고루 나눌 수 있도록 하기 위함이다. 세계에서 선도국가로 얻을 수 있는 성과를 국민과 고루 나누고, 선도국가로 얻을 수 있는 기회를 우리 청년의 기회로 연결할 때 경제성장과 개인의 자유로운 발전의 균형과 선순환이 구조화될 수 있다. 이런 선순환 구조가 가져올 개인의 자유로운 발전 기회는 평균주의적 접근의 복지국가를 넘어 개인의 역량과 기회에 초점을 맞춘 세심하고 따듯한 개별맞춤 복지국가로 한 단계 발전할 수 있는 기반이 될 것이다.

K-기술 표준, 혁신 주체에 믿고 맡겨야

K-기술을 세계 표준으로 만들자는 것은 앞서 말한 경제 안보 시대의 가장 확고한 지렛대를 확보하자는 것이다. 즉 전략적 자율성과 전략적 불가결성을 실천적 목표로 설정하는 것이자, 한국 기업과 산업 중심의 세계 밸류체인과 안정적인 공급망 확보를 위한 토대를 확보하는 것이다.

세계가 지식 기반 혁신경제로 전환하고 첨단기술력이 안보가 된 오늘날, 기술력은 우리나라가 확보해야 할 가장 중요한 역량이자 전략국가로 성장하고 행동하기 위한 전략적 지렛대이다. K-기술을 세계 표준으로 구축하는 과정과 제도는 한국이 전략국가로 성장하고 활동하는 것을 뜻하며, 이 기반은 우리 경제의 지속적인 성장과 좋은 일자리 확장이기도 하다.

K-기술 표준의 출발점은 탄탄한 인재 양성 시스템 등 국내 혁신생태계에 있다. 첨단기술력 확보와 지속적인 기술 혁신으로 전략국가의 지렛대를 확보하기 위해서는 인재 양성과 국가 R&D생태계의 제도적 혁신 제고가 가장 중요한 필수조건이다.

특히 인구 감소와 AI 전환, 산업 전환은 일자리와 노동의 질적 전환을 요구하고 있으며, 이런 전환에 인적 역량 제고를 담보하는 혁신 체제의 제도적 혁신은 개인의 자유로운 발전을 보장하기 위한 국가의 첫 번째 역할이자, 기업 성장과 경쟁력 강화를 돕기 위한 국가의 첫 번째 책임이다.

제도적 혁신은 개념 설계와 새로운 기술과 비즈니스 모델을 창조하는 창의적 인재 육성과 첨단기술 산업의 고숙련 노동력에 초점을 맞추되, 개인의 자유로운 선택과 성장과 조화를 이뤄야 한다. 대학과 연구원, 기업 등 R&D생태계와 산업 생태계가 자율적인 협업을 통해 혁신과 융합혁신을 이루고 혁신의 성과물을 산업화와 상업화를 통해 평가받을 수 있도록 정부 통제 중심의 현행 제도에서 혁신 주체의 자율성과 책임성 중심의 제도로 전환해야 한다. 정부는 전략적 방향에서 더 크게 투자하되 현장의 자율성과 책임성 중심의 정책으로 과감히 전환해야 한다.

실례로 삼성SDI는 전고체 배터리 분야에서 상업화의 가능성을 열면서 한국 배터리의 제2의 도약을 준비하고 있다. 그러나 전고체 배터리는 높은 원가로 시장지배력과 영업이익에 한계가 있다. 삼성은 이 문제를 해결하기 위해서 삼성미래기술육성재단의 삼성 미래기술 육성사업을 통해 서동화 KAIST 교수 중심의 연구 프로젝트를 지원했고, 경제성이 좋은 기술 개발에 성공했다. 물론 이 기술이 상업화되기 위해서는 아직 많은 과정을 거쳐야 하지만, 원천기술 확보는 큰 진전이다.

삼성미래기술육성재단의 삼성 미래기술 육성사업은 연구자의 혁신성을 믿고 연구자와 전문가에게 자율성을 부여한다. 한편 선진국 대한민국의 많은 연구자들 역시 본인의 연구가 한국 기술과 산업에 이바지하기를 희망하며 산업화와 상업화 방향에서 연구한다. 이제 정부와 공공 영역이 전략적 방향성에서 행정과 정책예산을 집행하되 혁신 주체를 믿고 자율성을 주고, 책임성을 중심으로 평가하는 행정 혁신이 필요하다.

고등교육의 중심을 세계 탑티어 수준의 박사과정에 초점을 맞춰 투자와 지원을 해야 하며, 기업이 투자하기 어려운 기초과학 체력을 키워야 한다. 국립대와 인문사회과학 분야 출연연 등 공공연구기관의 세계 지역학 연구를 강화함으로써 글로벌 인적 네트워크 강화 및 기업의 세계 진출과 시장 확대를 지원할 수 있는 인프라를 구축해야 한다. 유학생과 재외동포 인재풀을 관리해서 기술 혁신과 시장 확대를 위한 인력풀을 강화하고, 교육 단계에서부터 해외 인재를 유치하고 성장시켜 장기적이고 지속적인 친한 네트워크를 확장해야 한다.

K-밸류체인과 공급망을 향한 글로벌 경쟁 시작

우리 기술을 세계 표준으로 만든다는 것은 한국 기술과 산업이 세계 또는 지역의 밸류체인과 공급망으로 구축됨을 뜻한다. 여기에서 말하는 밸류체인과 공급망은 단순히 어느 나라에서 원료를 공급받고, 어디에서 중간재를 만들고, 어디에서 완성재를 만들어서, 어디로 수출한다는 교과서적인 이야기를 넘어선다. 전략국가가 고민해야 하는 밸류체인과 공급망은 중국의 '일대일로'와 같은 세계와 지역 산업생태계와 공급망을 의미한다. 이를 위해서는 우리 기술과 산업을 중심으로 세계 산업지도를 그리겠다는 포부와 구체적인 실행 전략이 필요하다.

대표적인 예가 중국의 '중국 제조 2025 전략'과 '중국 표준 2035 전략', 그리고 '일대일로'다. 중국 제조 2025와 중국 표준 2035가 K-기술 표준에 해당하는 지점이라면, 일대일로는 밸류체인과 공급망 전략이며 이를 실현하기 위한 제도적 장치를 담고 있다.

중국 제조 2025는 10년 전 '중국에서 만들겠다'라는 구호로 핵심 기술의 국산화와 제조업 업그레이드의 목표와 전략을 담았다. 그 성과 위에서 한 걸음 더 나아가 중국 표준 2035는 '중국에서 만든 규칙을 세계가 따르게 하겠다'라는 목표와 전략이다. 중국 제조 2025로 키운 기술력과 제조업을 기반으로 중국 표준 2035를 통해 세계 산업 표준을 정하겠다는 것이다. 이 두 전략은 한마디로 기술과 산업의 글로벌 게임 규칙을 중국이 정의하겠다는 것이다.

일대일로는 '육상 실크로드 경제벨트'(一帶)와 '21세기 해상 실크로드'(一路)로 구성되며, 인프라·무역·금융·문화 교류를 확대해서 중국 중심 경제권 구축을 목표로 한다. 2014년에 70여 개 참여국으로 시작한 일대일로는 2023년 현재 152개 국가 및 32개 국제기구가 참여하고, 200여 건의 MOU와 3,000여 건의 협력사업이 진행됐다. 일대일로는 세계 인구의 60% 이상, 세계 경제의 약 35%에 영향을 미치며, 세계 무역의 40%를 차지하게 될 것이다. 특히 해상 실크로드에서는 이미 세계 컨테이너의 절반 이상이 이동하고 있다. 또한 심해항 확장과 물류 허브 건설, 배후지의 새로운 교통로 건설 등이 이뤄지고 있다. 중국은 일대일로를 통해 전 세계적인 연구 활동의 자국 중심 네트워크 구축을 시도하고 있다.

중국의 일대일로에서 엿볼 수 있듯이 밸류체인과 공급망 구축은 우리가 전략적으로 행동하는 세계와 지역에서, 우리 기술과 산업을 중심으로 경제질서를 만드는 것이다. 따라서 내가 말하는 밸류체인과 공급망은 무역과 투자를 넘어 관련 나라와 지역, 더 나아가 세계의 제도와 물적 인프라, 경제협력망을 의미한다. 그리고 이런 제도에는 해외직접투자와 관세와 무역, 투자 유치와 지원, 교육과 혁신생태계, 행정 지원 등을 포괄한다.

K-밸류체인과 공급망을 구축하기 위해서는 일차적으로 혁신생태계와 기업이 자기 역할을 잘해야 하지만, 경제 안보 시대이기에 국가와 정부의 역할 또한 전략적 무게를 가진다. 이런 상황을 잘 인식한 표현이 영국의 경제학자인 마리아나 마추카토(Mariana Mazzucato)가 언급한 '기업가형 국가', '임무 지향적 정부'일 것이다. 나는 여기에 '적극 외교'와 '적극 행정'을 덧붙이고자 한다.

전략국가의 중앙 정부의 모든 부처와 지방 정부는 세계적 안목과 지평 위에서 활동해야 한다. 이런 안목이 전략국가의 기회와 수준을 좌우하기 때문이다. 한마디로 정부와 정부 관료가 '세계적으로 사고하고, 전략적으로 행동'할 때 우리나라가 경쟁에서 성공할 수 있다.

　　관련하여 두 개의 에피소드를 비교해 보자. 2026년 1월 이재명정부는 2035년까지 세계 1위 양자칩(퀀텀칩) 제조국을 목표로 양자 기업 2000개 육성, 2030년까지 지역 특화산업과 연계한 양자 컴퓨팅·통신·센서·소부장·알고리즘 등 5대 분야 양자클러스터 지정 등을 골자로 한 '제1차 양자 과학기술 및 양자 산업 육성 종합계획'과 '제1차 양자클러스터 기본계획'을 발표했다.

　　이재명정부는 이전 정부와 달리 말이 아닌 구체적인 추진계획을 함께 담았다. 글로벌 양자 허브 육성을 위한 세계 최고 수준의 하이브리드 연구 환경 구축을 위해 관련 탑티어 기술기업인 아이온큐와 공동연구센터 설립을 시작했으며, 삼성전자·LG전자·SK텔레콤·KT·국민은행·신한은행·한화·LIG 등 분야별 국가대표 기업이 참여하는 '양자기술협의체'를 출범시킴으로써 한국이 2035년까지 퀀텀칩 1위 제조국으로의 성장과 풀스택 양자 컴퓨터 개발 및 양자 컴퓨터와 고성능 컴퓨터, AI 하이브리드 인프라 구축의 발판을 열었다.

　　그런데 윤석열정부에서는 하마터면 양자 다자협의체 가입 기회를 날릴 뻔했다. 윤석열정부 시기 미국은 양자 과학기술 발전 및 글로벌 생태계 조성을 위해 주도국 중심의 '정부 간 양자 다자협의체'(2^N vs 2N) 설립을 기획하며 한국과 협의를 시도했다. 그런데 당시 회의에 참석한 한국 관료가 전략

2024년, 성탄절 예배에 참석한 박찬대

적 마인드보다 기계적인 일 처리로 대응했고, 아쉬울 것 없는 미국은 한국을 제외하고 캐나다, 독일, 프랑스, 영국, 스위스, 네덜란드, 스웨덴, 덴마크, 핀란드, 일본, 호주 등과 함께 정부 간 양자 다자협의체를 설립했다.

양자는 한국이 단독으로 선도할 수 없는 분야이기 때문에 양자기술을 선도하는 국가 중심의 다자협의체에 들어가서 다른 선도국과 함께 기준을 정해야 하는 분야이다. 양자기술 다자협의체에 한국이 들어가지 못했다면 그 여파가 얼마나 클지 상상하기조차 어렵다. 미래 게임체인저 관련 기준 표준과 제도를 결정하는 테이블을 스스로 발로 찼으니 기가 막힐 따름이다.

다행히 워싱턴 D.C에 위치한 한미양자기술협력센터 관계자들이 우연히 정부 간 양자 다자협의체가 주최하는 국제 컨퍼런스에 참석했는데, 이때 한국이 정부 간 양자 다자협의체에 참여하지 못한 상황을 인지하고, 그때부터 워싱턴 한국 대사관에 파견 나와 있던 과학관과 열심히 협업해서 정부 간 양자 다자협의체 가입을 성공시켰고, 나중에 장관은 미국에 가서 서명만 했다. 대통령과 대통령실, 담당 부서 고위 관료들이 놓친 막대한 국익을 현장 엔지니어와 직원의 노력으로 겨우 지켜냈다. 정부 영역에서 현장 관계자까지 세계적으로 사고하고 전략적으로 행동해야 하는 이유를 보여준 사례 중 하나다.

K-금융, 상생으로 더 커지는 전략

한국이 빠르게 성장할 수 있었던 힘 중 하나는 정책금융에 있었다. 우리가 세계를 바라보고 있는 만큼 금융의 크기와 힘도 세계적 수준과 전략이 필요하다. 앞서 예를 든 중국의 일대일로가 가능했던 이유 중 하나는 아시아인프라투자은행(AIIB)에 있다. AIIB는 아시아·태평양 지역 개발도상국의 인프라 구축을 목표로 중국이 주도해 설립한 은행이다. 실제로 AIIB은 2016년 출범 이후 10년간 360개 이상 프로젝트에 약 700억 달러 규모의 자금을 투자하여 도로, 철도, 발전소, 고속 인터넷, 도시 개발 등 개발도상국의 사회 기반시설 건설을 지원하며 아시아 지역의 경제적 연계성 강화에 핵심적인 역할을 했다. 그러나 국제관계에서 대가 없는 선의는 없다. 그 결과를 보면 중국 기업과 자본이 진출하고, 중국 중심의 생태계 속에 이들 국가가 종속되는 결과로 이어지면서 갈등이 고조되고 있기도 하다.

한국이 G3로 성장하기 위해서는 한국 기술과 기업 중심의 밸류체인과 공급망 구축은 절대적 요소이다. 그리고 이런 전략이 성공하기 위해서는 한국 기업을 돕고, 상대국이 한국 중심의 밸류체인에 동참하기 위한 투자와 이를 뒷받침하는 금융의 힘과 역할은 절대적이다. 금융이 진출하고 활동하기 위한 제도적 장치와 국가 간 협력제도 구축도 중요하다. 또한 해외 직접투자와 한국 기업과 자본 보호, 무역과 관세 등 제도 구축을 위해서도 금융이 중요한 지렛대 역할을 해야 한다.

하지만 한국 금융의 진출과 역할 강화는 중국과는 다른 모습을 가져야 한다. 현재 한국이 세계에서 환영받는 이유는 '저인망 쌍끌이'식으로 수탈하는 방식이 아니라 상대국의 경제역량과 함께 발전시키는 상생 전략을 지향하기 때문이다. 한국은 아직은 제한적이지만 이미 이런 방향의 성공사례를 축적하고 있다. 대표적인 사례가 한국의 방위 산업이다.

유럽의 폴란드, 루마니아나 남미의 페루, 아세안 국가와 중동 국가 등 세계 전역에 진출하고 있는 한국 방위 산업을 보자. 미국이나 프랑스, 독일 등 방위 산업 선진국은 무기를 수출할 때 정비와 수리 기술 전수는커녕 나사 하나 함부로 뜯지 못하도록 막고 있다. 그러나 한국은 운영 능력 교육은 물론 정비와 수리 기술을 전수하고 제조라인도 함께 공급하며 상생 전략을 구사한다. 이런 신뢰의 접근법은 방위 산업 수입국이 다시 그 지역의 K-방위 산업 거점이 되고 있다. K-밸류체인 구축과 이를 지원하는 K-금융의 접근법 또한 K-방위 산업 접근법을 적극적으로 배우고 활용해야 한다.

금융은 돈의 흐름과 관련한 특성상 다른 제조업과 달리 한 국가와 사회의 모든 분야와 구석구석까지 영향을 미치고 관계를 구축하는 분야이다. 금융의 진출이 약탈적 특성을 가진다면 한국과 그 나라 또는 지역은 결국 견원지간이 될 수밖에 없다. 하지만 금융이 생산적 역할을 하고 기회를 제공하는 샘물이 된다면 전략국가로의 발돋움이 더 견고하고 빨라질 것이다.

금융은 정부 정책예산과 함께 인내 투자와 초기 시장 구축에서 중요한 역할을 해야 한다. 전략기술과 산업 중 상당 부분은 인내 투자를 요구하며, 금융 중 정책금융은 이 부분에서 충실한 역할을 해야 한다. 더욱이 기술 안보와 경제 안보의 시대에 전략기술 확보는 생존의 영역이다. 정부의 정책 예산으로 부족한 부분은 정책금융을 통한 장기 투자와 결합해서 지원과 성장의 효율적인 시스템을 구축해야 한다.

한국은 시장 규모의 한계로 좋은 기술기업이 유니콘으로 성장하는 데 어려움이 많다. 이 부분을 해소하기 위해서는 크게 두 정책적 접근을 결합해야 한다. 하나는 공공이 초기 시장을 제공해서 기술과 기업을 키우고 세계 시장으로 진출할 수 있는 트랙 레코드를 축적할 수 있는 장을 열어줘야 한다. 다른 한편으로는 정책금융의 맞춤 지원과 투자를 통해 기업이 계속 성장하고 해외로 진출할 수 있는 규모와 힘을 키울 수 있도록 받쳐줘야 한다.

저성장 고착화와 사회 양극화를 넘어
성장과 신뢰사회로

혼란과 불확실성 속에 위기와 기회가 공존하는 도전적인 외부 환경에 효과적으로 대응하기 위한 힘의 원천은 내부의 결속과 단합이다. 안타깝게도 한국은 극심한 양극화 위기에 놓여 있다. 이 사회구조적인 양극화의 배경에는 단지 소득 양극화뿐 아니라 산업 양극화가 있다. 그리고 산업 양극화는 일자리와 노동 양극화의 원인이 된다. 산업-일자리-소득으로 이어지는 양극화는 인구 감소, 경기 둔화, 저성장으로 다시 이어지는 악순환의 출발점이 된다. 이는 노인 세대 부양비와 연금 등 사회적 의제와도 직접 연결된다. 이처럼 소득과 산업 양극화는 지역 불균형과 저출산 및 세대 갈등, 교육 양극화 등 사회 전반에 걸쳐 갈등과 균열로 확장한다. 그리고 소득과 사회 양극화는 극단적인 정치의 자양분이 되어 정치 양극화로 이어지고, 정치 양극화는 사회와 경제의 구조적 양극화를 오히려 악화시키고 있다.

양극화를 극복하기 위해서는 성장이 필수조건이다. 그러나 방위 산업과 반도체 특수에도 불구하고 한국 경제의 성장률 회복은 아직 불안하다. 첨단기술과 산업 전환에 적응한 분야나 기업은 글로벌 기업으로 성장했지만, 이 기업들이 제공하는 일자리는 공기업과 공무원, 은행과 같은 안정적인 일자리를 포함해도 전체 일자리의 20% 선에 불과하다.

작은 시장 규모로 내수가 경제성장을 주도하기 어려운 한국은 새로운 성장동력의 발굴 없이는 좋은 일자리와 이로 인한 내수진작 선순환이 제한적일 수밖에 없다. 이 때문에 양극화 완화도 기대할 수 없다. 새로운 성장동력이 청년에게 충분한 기회를 제공하지 못하고 있으며, 성장을 통한 충분한 소득 확대가 일어나지 못하면 청년이 감당해야 할 사회적 부담은 계속 늘어날 것이다. 결국 사회 갈등과 균열은 세대 갈등으로 이어질 것이다.

성장과 신성장동력 발굴 없는 국토균형발전은 사실상 공염불에 가깝다. 이미 자리를 잡은 성장 산업을 다른 지역으로 무조건 옮길 수 없다. 단순하게 공장만 옮긴다고 되는 일이 아니기 때문이다. 더 중요한 것은 지금의 저성장 기조를 벗어나기 위해 새로운 성장동력을 더 많이 발굴해야 한다. 더불어 무조건적인 수도권 제한도 능사가 아니다. 따라서 신성장동력을 발굴하면서 이것이 상대적으로 뒤처진 지역에 자리할 수 있는 전략적 접근을 찾아야 한다.

결론적으로 현재 한국 사회의 가장 심각한 구조적 문제는 '저성장 고착화'와 '사회 양극화의 구조화'에 있다. 이 두 위기 해결의 출발점은 '성장'에 있다. 성장이 저성장과 사회 양극화 극복의 묘수가 되기 위해서는 성장동력과 좋은 일자리가 맞물리는 구조를 만들어야 한다. 즉 새로운 성장동력 발굴과 좋은 일자리 확대가 맞물려서 수출과 내수가 확대되는 선순환 구조가 필요하다. 이 구조의 성장과 분배의 균형발전이 좋은 일자리 확대를 중심으로 구축되는 것이다.

민주당이 전통적으로 강했던 분배와 복지국가는 새롭게 발전시켜야 할 소중한 국가전략이다. 다만 분배와 복지는 성장이 선행되지 않고서는 이룰 수 없다. 분배는 크게 일자리와 임금을 통한 1차 분배와 조세와 사회보장제도를 통한 2차 분배로 나눌 수 있다. 아무리 2차 분배제도가 잘 갖춰져 있어도 1차 분배가 무너지면 결국 2차 분배로 더 큰 어려움을 겪을 수밖에 없다.

저성장 고착화는 기업 경영과 일자리 모두에서 문제가 발생할 수밖에 없다. 이는 1차 분배에 문제가 발생할 뿐만 아니라 세원 감소 문제까지 야기한다. 1차 분배가 어려워지면 국가의 사회보장제도가 더 중요하게 되는데, 이를 뒷받침할 재정이 부족하기에 어려움에 직면하게 된다. 성장동력이 작동하지 않으면 인플레이션과 재정 부담은 더 커지게 된다. 이런 상황은 양극화와 양극화로 인한 사회 갈등과 균열을 더욱 심화시킴으로써 사회적 위기는 더 가중된다.

저성장 고착화로 구조화된 양극화의 완화와 극복 없이는 복지국가를 실현하기도 어렵고, 성숙하고 안정적인 민주주의를 기대하기도 어렵다. 지금 민주당에게 필요한 가장 중요한 책무는 경제성장을 회복시켜 분배와 복지국가의 토대를 튼튼하게 구축하는 것이다. 분배에 유능한 민주당이 성장에도 유능하다면 성장과 분배의 균형발전이란 이상적인 사회통합과 발전을 기대할 수 있다.

K-기술 표준, K-밸류체인과 공급망, K-금융 중심의 표준

2024년 7월, 채상병 순직 1주기 추모하는 박찬대

과 제도 설계 전략의 목적은 지속 가능한 경제성장과 일자리 창출에 있음을 명심해야 한다. 기업과 산업이 흥해야 좋은 일자리가 많이 나오고, 좋은 일자리가 많아져야 청년에게 기회가 생기고 내수가 좋아진다. 임금을 통한 1차 분배는 그 어떤 복지와 재분배 기능보다 뛰어난 분배 구조임을 우리는 항상 상기해야 한다.

나는 민주당 원내대표와 당대표 직무대행으로 거치며 '정치란 무엇일까? 나는 정치를 왜 하는가?'라는 질문과 다시 마주했다. 그 답을 찾는 여정이 곧 나의 정치철학을 재정립하는 과정이었다. 그리고 그 과정은 미사여구만 남는 비전과 포부를 넘어 실사구시적인 정책과 과제를 '모색하는 시간'이기도

했다. 이제는 '실천의 시간'이 됐다.

내가 생각하는 국가 비전은 우리나라가 '전략국가'로 발돋움해서 'G3 국가'로 성장하는 것이다. 이를 위해 세계적으로 사고하고, 전략적으로 행동하는 전략국가로 발돋움하기 위한 실천적 과제를 내가 나고 자란 인천을 통해 제시하고자 한다.

인천을 '물류 AI와 피지컬 AI의 산업 수도'로서 AI 생태계의 종합적인 실증의 본거지로 삼아 AI 산업과 전환을 선도하고자 한다. '인천바이오과학기술원'을 설립해 차세대 신약 개발의 토대를 구축함으로써 국제 바이오 산업의 허브로 인천을 세우고, 한국 바이오 산업생태계의 집적과 융합성장을 주도하고자 한다. 또한 전 세계가 극찬하는 'K-컬처가 세계로 더욱 뻗어가는 출항지'이자 K-콘텐츠의 집적과 K-컬처 산업의 혁신지로서 인천을 자리매김하고자 한다. 에너지 전환과 기후환경을 미래 먹거리로 세우고, 한국의 에너지 전환을 넘어 에너지 산업을 수출산업으로 성장시킬 것을 제안한다. 이를 통해 지속 가능한 국가 경제의 성장과 민생 경제의 발전으로 직결될 수 있음은 물론이다. 이는 인천만이 아니라 중앙 정부, 산업, 시민사회 등 모든 영역에서 함께 만들어야 할 우리 모두의 과제다.

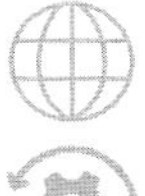

2부

우리의 인천, 세계의 인천

5

전략국가, 인천에서 시작한다

이중 소외 함정에 빠진 인천

내가 인천에서 60년을 살면서 마주하는 문제점을 한마디로 요약하면 '이중 소외'다. 수도권이기에 규제는 받지만, 정작 수도권 프리미엄은 없다. 인천은 수도권정비계획법에 묶여 성장의 기회를 잃었고, 비수도권 지원 정책에선 '수도권'이라는 이유로 배제됐다. 서울과 경기도가 누리는 집적 효과에서 밀려 수도권의 주변부로 존재했다.

국가데이터처의 최신 지역내총생산(GRDP) 통계를 보면, 인천은 전체 17개 광역시도 중 경기, 서울, 경남, 충남, 경북에

구분	1인당 지표('22년, 만원)								총액 ('24년, 조 원)	
	1인당 GRDP	전국 순위	1인당 총소득	전국 순위	1인당 개인소득	전국 순위	1인당 민간소비	전국 순위	명목 GRDP	전국 순위
전국	4,195		4,256		2,339		2,008		2,561	
서울	5,161	3	5,724	2	2,611	1	2,446	1	575	2
부산	3,161	14	3,229	16	2,258	7	2,064	4	121	7
대구	2,674	17	3,106	17	2,237	12	1,990	6	75	11
인천	3,530	10	3,744	8	2,241	10	1,871	10	126	6
광주	3,090	16	3,484	11	2,367	4	2,036	5	55	15
대전	3,368	12	3,585	9	2,422	3	2,107	3	56	14
울산	7,751	1	6,097	1	2,607	2	2,110	2	94	9
세종	3,788	8	4,137	5	2,322	5	1,857	11	17	17
경기	3,997	7	4,364	4	2,314	6	1,931	7	651	1
강원	3,443	11	3,320	15	2,240	11	1,846	12	65	13
충북	4,862	5	4,067	6	2,253	8	1,754	17	92	10
충남	5,894	2	4,802	3	2,248	9	1,788	14	151	4
전북	3,246	13	3,430	12	2,226	14	1,761	16	67	12
전남	5,142	4	3,410	13	2,230	13	1,792	13	104	8
경북	4,389	6	3,839	7	2,198	15	1,784	15	135	5
경남	3,650	9	3,554	10	2,189	16	1,877	9	151	3
제주	3,115	15	3,353	14	2,151	17	1,913	8	27	16

표 제목: 시도별 1인당 지역내총생산, 지역총소득, 개인소득과 시도별 지역내총생산

(출처: 국가데이터처 「지역소득」을 이용해 저자 정리)

이어 6위이다. 인구로 비교하면 경기, 서울, 부산에 이어 인천이 4위이고, 인천보다 GRDP가 높은 경남은 5위, 경북과 충남은 7위와 8위이다. 인구가 인천보다 적은 경남과 경북, 충남의 GRDP가 인천보다 높다. 수도권의 지리적 위치가 꼭 장

점이 아니라는 것을 단적으로 보여준다.

인구를 고려한 1인당 GRDP나 1인당 개인소득을 비교하면 10위로 4계단이나 더 떨어진다. '시도별 1인당 지역내총생산, 지역총소득, 개인소득' 통계자료를 보면, 1인당 GRDP는 인구가 가장 많은 서울은 2위, 경기도가 7위인 반면, 인천은 전체 17개 시도 중 10위에 머문다. 1인당 개인소득을 비교하면 서울 1위, 경기도 6위인데 인천은 여전히 10위이다. 인천 주민은 다른 수도권이나 산업도시에 비해 개인소득도 상대적으로 낮았다.

1부에서 말한 한국의 첫 번째와 두 번째 도약기에는 수도권과 영남권을 중심으로 한국 산업경제가 성장했다. 전형적인 '불균형 성장'이었다. '불균형 성장론'은 20세기 경제학 거장 중 한 명인 앨버트 허쉬만(Albert Hirschman)이 제안한 성장 전략론으로, 개발도상국은 모든 산업에 동시에 투자하는 것보다 전후방 연관 효과가 큰 선도산업에 집중 투자하고 그 파급 효과로 전체 성장을 추구하는 것이 효율적이란 주장이다. 그러나 인천은 불균형 성장 과정의 수혜를 입기보다 '역류효과'(Backwash Effect)의 부작용이 더 컸다.

노벨경제학상 수상자인 스웨덴의 군나르 뮈르달(Gunnar Myrdal)은 '역류효과'를 들며 불균형 성장론의 약점을 지적했다. 역류효과는 성장 지역이 주변 낙후 지역의 자본과 우수

노동력을 흡수해서 지역 간 불균형과 빈곤의 악순환을 심화
시킨다는 것이다. 현재 한국은 불균형 성장의 효율성으로 선
진국으로 진입했지만, 역류효과의 약점으로 지역 불균형이란
큰 문제를 마주하게 됐다. 그리고 인천은 불균형 성장 과정에
서 서울과 경기의 주변부로 밀려나 사실상 지역 불균형 문제
에 직면해 있는데, 수도권이면서도 중앙 정부의 투자와 지원
대상에서는 밀려나 있다.

한마디로 인천은 한국의 도약 과정에서 이중 소외 함정
에 빠져 있다.

인천의 성공은 한국 제3의 도약

이미 언급했듯이 한국은 세계사적 대전환기와 내적으로는
저성장 고착화와 양극화라는 이중적 위기에 직면해 있다. 성
장은 대내외적 위기를 극복하고 G3로 도약하는 길이다. 도약
을 위해 우리가 봐야 할 키워드는 '신성장동력과 공간'이다.
모든 산업과 정책은 특정 공간에서 펼쳐진다. 따라서 전략과
정책 수립 과정에서 그 출발부터 지역과 도시는 반드시 함께
고려돼야 한다.

한국이 선택해야 할 성장 전략은 잘하는 분야와 지역은

초격차를 위한 혁신과 투자에 집중하고, 상대적으로 뒤처진 지역은 신성장동력 발굴에 집중하는 것이다. 즉 서울·경기와 영남권은 초격차와 생산성 향상을 위한 혁신이 필요하고, 인천과 그 외 지역은 새로운 성장동력을 발굴해야 한다. 중앙정부와 정책금융은 신성장동력을 지역이 발굴하고 정착시킬 수 있도록 '규모 있는 인내 투자'를 지속적으로 해야 한다. 이런 방향에서 '통합특별시'와 '국가성장펀드'에 거는 기대가 크다. 통합특별시가 지역 발전의 중요한 전기가 돼야 한다. 동시에 통합특별시에 들어가지 못하는 지역도 발전할 수 있도록 과도한 규제는 풀고, 독자 성장이 가능하도록 예산과 정책금융을 통한 지원책을 마련해야 한다.

신성장동력과 지역 발전이 필요한 또 다른 이유는 저성장 고착화다. 한국은 글로벌 기업의 눈부신 성과에도 불구하고 저성장 기조에 놓여 있다. 물론 삼성전자와 현대차, SK와 LG 등 한국의 글로벌 기업이 미국 투자를 줄이고 한국 투자를 늘릴 수 있었다면 국토균형성장에 큰 힘이 될 수 있을 것이다. 그러나 현재 세계 무역 질서와 공급망 환경이 이를 허락하지 않는다. 우리는 이 환경을 이겨내야만 G3로 올라설 수 있다. 결국 초격차와 신성장동력 발굴이 있어야 우리나라 땅 위에서 신규 투자가 일어나고 수출주도성장의 길이 열리며 이를 통한 일자리 확대가 가능해진다. 즉 한국 산업과 경제성장을 주도할 새로운 선도산업생태계 팽창이 가장 빠르고 확실한 성장과 성공의 선택지이다. 따라서 불균형 발전 지역은 지방 정부와 시장, R&D 기관과 노동자 등 모든 혁신 주체가 힘을 모아 신성장동력 발굴과 성장에 집중해야 한다.

이런 관점에서 인천을 보자. 작은 내수 시장에 자원도 없는 한국은 신흥 산업국의 추격과 선도국가의 초격차 사이에 있는 함정에 빠질 것인가, 아니면 새로운 성장동력과 틈새시장을 개척하고 기존 선도국가를 추월해서 G3로 올라설 것인가 하는 기로에 서 있다.

한국 안팎의 위기와 도전을, 그리고 인천이 직면하고 있는 한계와 약점을 기회로 만든다면? 그렇다. 인천을 기회의 땅으로 만드는 것이 한국의 성장과 세 번째 도약을 만드는 길이 될 것이다. 여러 분야의 선도기술이 만나 새로운 혁신과 기회를 만들고 있듯이, 뒤처진 지역이 신성장동력으로 혁신의 땅이 되고, 지역의 혁신과 혁신이 만나 더 거대하고 다양한 혁신의 장을 연다면, 한국은 지속 가능한 성장과 혁신의 공간이 될 것이며 G3 진입은 현실이 될 것이다. 지금은 인천발, 전남발, 광주발, 대구발, 경북발, 강원발 등 지방주도성장을 통해 한국 G3 진입의 길을 열어야 할 때이다.

K-혁신의 쇼케이스, 인천

내가 생각하는 인천의 미래는 'K-혁신의 쇼케이스'다.

인천은 한국과 세계를 잇는 관문이다. 물리적으로 인천은 하늘길과 바닷길로 한국과 세계를 연결한다. 여기엔 사람, 기술, 자본, 정보, 협력, 경쟁, 문화, 재화, 제도 등 모든 유무형 존재와 가치가 나가고 들어오고, 만나고 정보를 나누고, 경쟁하고 혁신한다.

인천이 단순 관문의 역할만 한다면 항만과 항공 물류와 교통에 집중해도 무방할 것이다. 하지만 관문을 넘어 한국과 세계를 연결하는 허브로 인천을 본다면 모든 것은 변할 것이다. 인천은 외국자본과 산업이 인천에서 투자와 협력을 원샷으로 할 수 있는 한국의 모든 최첨단기술과 문화의 쇼케이스가 되어야 한다.

이를 위해 인천은 K-첨단기술과 산업, 그리고 문화의 집합처이자, 혁신의 전시장이 돼야 한다. 즉 인천이 365일 한국 혁신의 전시장이자 융합혁신의 협력지, 세계의 투자가 몰리는 기회의 관문이 되어야 한다.

인천은 K-혁신의 공개 시연회장이 될 토대와 가능성을 이미 충분히 갖추고 있다. 공항과 항만이 있어 물류의 거점이자 항공 유지·보수·정비(MRO) 산업의 세계와 아시아 거점이 될

1918년 10월 16일, 기선이 처음으로 인천항에 입항하는 모습 (출처: 인천시)

수 있는 조건을 갖추고 있다. 세계 산업과 공급망에서 한국의 중요성이 높아질수록 이런 지리적 이점으로 인한 물류와 항공 산업에 대한 수요는 더 높아질 것이다.

먼저, 인천의 바이오 산업이다. 인천은 미래 성장 산업으로 각광받는 바이오 산업의 토대도 갖춰져 있다. 이미 삼성바이오와 셀트리온이 자리를 잡았고, SK바이오사이언스가 2026년 1월부터 연구-공정 원스톱 개발 체제의 인천 송도 시대를 열었다.

문제는 이런 장밋빛 미래는 저절로 오지 않는다는 점이다. 외국은 대학과 산업이 만나 세계적인 바이오테크 및 제약 기술과 기업을 배출하고 있지만, 한국엔 세계적인 바이오

연구기관이 없다. 인천에 위치한 제약기업이 세계적인 빅파마(대형 제약기업)로 성장하기 위해서는 위탁생산이나 바이오시밀러를 넘어 독자적인 신약 개발을 해야 하지만 기업투자와 더불어 정부투자 또한 미미하다.

그렇기에 나는 인천바이오과학기술원 설립을 제안한다. 그리고 인천바이오과학기술원을 기반으로 공공의대와 공공한의대가 함께 세계적인 바이오 연구클러스터를 조성해서 바이오와 빅파마에 이어 종합적인 의과학과 바이오화학의 세계적인 거점으로 성장해야 한다고 생각한다. 인천바이오과학기술원을 설립하고, 이곳을 중심으로 기업연구소와 기술기업이 집적하는 '인천바이오사이언스파크'를 조성할 수 있다. 10년, 20년, 30년 의과학과 바이오화학 등 지속적인 성장 전략을 실행한다면 미래의 인천은 명실상부한 세계 바이오 산업의 메카가 될 것이다.

또한 매년 '인천바이오엑스포'(Incheon Bio Expo)를 개최해서 한국의 모든 바이오기업의 기술을 세계에 판매하고 해외 투자를 유치하는 자리를 마련할 것을 제안한다. 특히 중국이 세계 제약 시장의 2위로 부상한 조건까지 고려하면 인천은 바이오 기술과 산업의 최적지다. 바이오엑스포를 통해서 한국 바이오 기술기업의 해외 진출과 해외 자본의 한국 투자를 연결할 것이다.

인천은 지리적 특성상 K-문화 산업의 요충지가 돼야만 한다. 인천이 K-문화의 거점이 된다면 인천을 거쳐 한국 방방곡곡으로 외국 관광객이 몰려들 것이다. 하지만 〈케이팝 데몬헌터스〉와 〈오징어게임〉 사례에서 볼 수 있듯이 K-콘텐츠가 충분한 한국 투자와 K-플랫폼을 갖지 못해 해외 자본과 기업의 이익으로 수렴되고 있다. 인천이 K-콘텐츠의 집합지이자 쇼케이스가 된다면 한국 자본과 협력이 일어나고, 더 나아가 K-문화플랫폼 모색의 기회도 열릴 것이다.

소명을 다한 문학경기장과 그 일대를 5만 석 규모의 공연장과 콘텐츠 생산지로 구축하고, 원도심 재도약의 발판으로 삼아야 한다. '문학 스타디움'을 중심으로 K-문화 박물관, K-문화 도서관과 미술관 등 공공문화시설을 배치해서 인천을 문화와 예술의 도시로 도약시켜야 한다.

문학 스타디움을 거점으로 청라와 송도 등 인천 전역의 문화 자원과 결합한 문화 산업과 마이스 산업 진흥을 기획해야 한다. 또한 강화도의 문화유산을 유네스코 세계유산으로 등재하는 것을 포함해 세계 문화유산 관광지로 재정비하고 한옥호텔 단지 조성과 템플스테이 프로그램 개발 등과 결합해서 고급 테마 관광과 연계해야 한다. 제물포 주변의 오랜 근대화 유산과 역사를 K-푸드와 결합한 테마 관광지로 조성하고 원도심을 새로운 문화체험 공간으로 기획해야 한다. 특히, 개항장을 대한민국이 해외에 내놓아도 자랑스러운 국가 대표급으로 조성, 전주 한옥마을처럼 '인천' 하면 누구나 떠올릴 수 있는 킬러콘텐츠로 기획해야 한다. 그리고 사이언스 파크와 연결해서 첨단기술과 역사문화가 함께 공존할 수 있도록 해야 한다.

인천은 자동차와 기계, 반도체 등 다양한 제조산업을 갖고 있으며, 이는 피지컬 AI의 거대한 잠재적 데이터 자산이다. 인천의 이런 잠재적 데이터와 제조 기반을 첨단 AI와 접목한다면 피지컬 AI의 다양한 공급 모델을 개발하고 공급할 수 있는 K-피지컬 AI의 환경을 갖추고 있다. 공항, 항만 등의 물류, 인천의 중고차 수출산업 등과 잘 접목하면 인천이 AI의 중심지로 성장할 것이다.

인천이 자율주행차와 산업용 로봇 AI, 그리고 물류 AI 등 피지컬 AI의 중심지로 성장한다면, 이를 뒷받침하는 다양한 '월드모델'(물리 법칙, 공간, 시간, 상호작용 등 실제 세계의 논리를 학습하여, 현실 같은 가상 환경을 시뮬레이션하거나 미래 상황을 예측하는 생성형 AI)의 생태계가 형성될 것이고, 이것은 다양한 AI 반도체 설계 기술기업의 서식지 조성으로 이어질 것이다. 나는 인천이 물류 AI와 피지컬 AI의 중심지로 거듭날 수 있도록 데이터와 연구 및 월드모델과 AI 반도체 생태계가 조성되는 데 초점을 모아야 한다고 생각한다.

인천은 에너지와 환경 인프라도 조성돼 있다. '제4차 항만기본계획 수정계획(인천항)'은 인천신항을 해상풍력 배후항만으로 지정했다. 향후 인천은 재생에너지의 종합기술산업단지로 성장하고 나아가 K-에너지의 세계 진출의 교두보가 돼야 한다. 현재 종합환경연구단지에 기후환경에너지부 산하의 한국환경공단, 국립환경과학원, 국립생물자원관, 국립환경인재개발원 등 공공기관이 자리 잡고 있으며, 2017년 7월 인천 서구에 조성된 국내 유일의 환경 전문 연구단지인 환경산업연구단지에 약 115개 환경 기업이 입주해 환경 산업의 메카로 성장하고 있다. 공공과 민간의 환경 산업 협업 구조는 산업과 결합해 향후 세계적인 '기후환경산업단지'로 성장할 것이다.

결국 공간이다. 인천이 바이오, K-컬처, 피지컬 AI, 에너지 등 신성장동력의 거점이 되려면, 인재와 청년에게 매력적이어야 한다. 경제자유구역을 중심으로 '바이오사이언스파크', '피지컬 AI 사이언스파크', '기후환경에너지사이언스파크' 등을 조성하고 여기에 관련 R&D 기관과 행정 지원기관 및 기술기업 공간을 마련해야 한다. 더불어 주변에 관계자를 위한 양질의 임대주택과 분양주택을 포함한 주거공간이 필요하다.

이렇게 서울을 향한 도시구조에서 인천 중심의 일자리와 주거, 교통, 교육, 복지, 문화 등이 완결구조를 가질 수 있도록

2024년 2월, 인천 옥련시장에서 어린이와 함께 사진찍는 박찬대

산업과 일자리에서 도시계획과 주거환경까지 방향성을 갖고 전략과 추진계획을 구상해야 한다.

이것이야말로 세계적으로 생각하고, 전략적으로 행동하는 인천의 모습이다.

6

차세대 바이오 신약의 산실

"의약품과 반도체는 국가 안보 품목으로 미국으로 리쇼어링(Reshoring, 생산비와 인건비 절감 등을 이유로 해외로 생산시설을 옮긴 기업들이 다시 자국으로 돌아오는 현상)되어야 한다."

하워드 러트닉 미국 상무장관이 2025년 4월 13일 미국 한 언론과 인터뷰에서 의약품과 반도체에 대한 고율 관세 방침을 시사하며 한 발언이다.

왜 미국은 전략물자인 반도체와 함께 의약품에 대한 관세를 언급하고, 관련 산업의 리쇼어링을 말한 것일까? 바이오 기술과 산업이 국가의 안위를 가르는 전략물자가 됐기 때문이다. 이제 바이오 산업은 반도체와 같은 안보 산업이 됐다.

바로 이 지점에서 한국이 국가 차원에서 바이오 산업에 전략적으로 투자해야 하고, 인천이 바이오 산업의 세계적인 거점이 되어야 하는 이유이다.

반도체보다 큰 바이오 시장,
전략산업이자 전략무기

바이오 산업 분야가 안보를 위한 전략물자가 될 수 있음을 보여준 직접적인 출발은 코로나19 팬데믹이었다. 팬데믹이 절정에 치달았던 2021년 초반 EU는 백신 공급 부족 사태를 겪으며 생산된 백신의 역외 수출을 통제하는 수출승인제(Export Authorisation Mechanism)를 도입하며 백신을 무기로 활용했다. 세계보건기구(WHO)는 EU의 이런 처사에 '백신 민족주의'라고 비판했다. 하지만 EU는 시민의 보호가 우선이며 제약사가 계약상의 사회적·도덕적 책임을 다해야 한다는 입장을 고수했다. 여기에 더해 호혜성과 비례성을 따져 수출을 불허할 수 있도록 규정을 강화했다.

세계무역기구(WTO)에 따르면 팬데믹 초기 4개월 동안 70개국 이상이 개인보호장비(PPE), 치료제 등의 수출을 통제했으며, 백신 개발 이후에도 비축과 매점(Hoarding) 행태는 여전했다. 미국의 모습도 EU와 다르지 않았다. 미국은 EU의 수출 통제에 우려를 표하면서도 EU가 미국산 원료와 백신 수출을 요구하자 미국은 '국방물자생산법'(Defense Production Act)을 활용하여 백신 공급망을 통제했다. 바이오 기술과 산업 및 공급망이 전략물자를 넘어 전략무기가 된 것이다.

팬데믹은 앞으로도 얼마든지 발생할 수 있다. 그러면 전략물자로서 바이오 품목 확보 경쟁이 일어날 수밖에 없다. 미국과 중국 등 강대국은 안으로는 국민의 생명을 위해 국가가 확보해야 하는 전략물자로, 밖으로는 전략무기로 활용하기 위해 바이오 기술과 산업 경쟁에 치열하게 뛰어들 것이다. 희토류와 같은 전략물자보다 의약품은 국민의 생명과 직결되기 때문에 더 절박하고 치명적인 무기가 될 수 있다. 미국과 중국이 치열하게 경쟁하며 독점력을 확보하려는 이유가 여기에 있다. 바이오 산업은 대전환기의 주도권 경쟁의 한가운데 있는 것이다.

한국 역시 팬데믹과 같은 상황을 대비한 전략물자 확보를 위해서나 전환기 산업 무기를 확보하기 위해서 바이오 기술과 산업에 전략적이고 공격적으로 접근해야 한다. 무기화된 전략물자에 대안이 없으면 공급 위협과 경제적 위협 앞에 국내 정치적 자유와 국제 무대에서 외교적 행동 범위와 자율성이 제한된다. 즉 무기화된 전략물자는 그 자체가 세계 질

경청하는 박찬대

서와 제도가 될 수 있으며, 외국의 전략물자에 과도하게 의존하는 국가는 끌려갈 수밖에 없다. 앞서 말한 것처럼 한국이 전략국가가 되기 위해서는 무기화되는 전략물자나 분야에서 경쟁력을 확보해야 한다.

　바이오 산업은 시장 규모에서도 한국이 공격적으로 접근해야 할 신성장동력 분야이다. 한국보건산업진흥원에 따르면 2023년 세계 제약 시장 규모는 1조 7,487억 달러(약 2,568조 1,408억 원)이다. 이는 세계 반도체 시장보다 훨씬 큰 규모이다. 2023년 규모로는 거의 3배에 육박하며, AI 전환으로 반도체 시장이 급상승한 2025년 전망치인 7,000억~7,700억 달러(약 1,027조 8,800억~1,140조 6,680억 원)와 비교해도 2.5배에 달한다. 안보를 넘어 시장과 신성장동력 측면에서도 한국이 전략적으로 투자를 해야 하는 이유가 여기에 있다.

바이오 시장은 인구 규모와 경제력에 의해 좌우된다. 중국의 성장과 아시아의 경제발전은 거대한 바이오 시장이 열리고 있음을 뜻한다. 중국과 인도의 인구가 30억 명이며, 아세안 10개국 인구도 7억 명에 달한다. 제약 시장에서 중국은 이미 유럽을 제치고 미국에 이어 2위로 올라섰다. 한국은 거대한 바이오 시장에 인접한 지리적 이점을 활용해야 하며, 바이오 산업은 한국의 신성장을 견인할 주요 동력으로 자리잡아야 한다.

한국 바이오 산업,
'메이드 인 코리아'에서 '이노베이티드 인 코리아'로

미국과 중국의 바이오 기술과 산업 주도권 경쟁이 무섭다. 특히 중국의 '바이오 굴기'가 매우 도전적이다. 중국은 복제약 생산국가에서 바이오 기술 수출 선도국가로 발돋움하면서 미국 중심의 제약·바이오 질서를 흔들고 있다. 중국은 2024년 혁신 신약 48개를 승인한 데 이어 2025년에는 76개로 기록을 경신했다. 중국의 신약 개발 역량은 삽시간에 세계 2위로 뛰어올라 1위 미국을 위협하고 있다.

신약 내용도 탄탄하다. 승인된 신약은 대부분 항암제, 대사질환, 희귀질환 치료제 분야가 주를 이루며, 차세대 기술로 평가받는 ADC(항체-약물 접합체), GLP-1(비만·당뇨 치료제), 다중항체 등 최신 모달리티(Modality, 의약품이 표적을 타깃하는 방법 또는 약물이 약효를 나타내는 방식)에서 글로벌 수준의 파이프라인을 보유하고 있다. 아스트라제네카, 로슈, MSD, 화이자, 릴리 등 글로벌 상위 제약사들이 중국 바이오기업의 신약 기술을 도입하는 등 글로벌 파트너십 확대와 강화에서 볼 수 있듯이 중국 바이오 기술은 세계적 수준에 올라섰다.

여기에 AI 기반 신약 개발까지 선도하고 있어 중국의 '바이오 굴기'는 상당 기간 계속될 것으로 전망된다. 실례로 중국 바이오의약기업들은 2024년 94건 계약에 약 519억 달러(약 76조 1,632억 원) 규모에 이어, 2025년에는 150건 이상의 계약과 총수출액 1,300억 달러(약 188조 원)를 초과하는 사상 최대 기록을 세우는 등 막대한 규모의 기술 수출로 이어지고 있다. 나아가 중국 정부는 바이오 산업을 지원하기 위해 신약 심사 절차 간소화, 임상시험 편의 제공, 혁신 신약에 대한 파격적인 의료보험 등재 및 자금 지원 등 정책 지원을 아끼지 않고 있다.

미국은 중국의 맹렬한 추격을 따돌리기 위해 반도체 안보화와 유사한 접근을 바이오 분야에서 하고 있다. 미국은 국가안보전략 설계도 역할을 하는 2026 회계연도 미국 국방수권법(NDAA)에 중국 바이오기업에 대한 제재를 핵심으로 하는 '생물보안법'(Biosecure Act)을 포함하며 바이오 기술 분야를 국가 안보의 핵심 영역으로 규정했다.

미국의 생물보안법은 미국 국민의 유전체 데이터(Multi-omic data)를 수집하거나 안보 위협이 될 수 있다는 이유로 BGI 그룹, MGI, 컴플리트 지노믹스, 우시바이오로직스 등과 같은 중국 기업을 대상으로 장비나 서비스 조달 또는 해당 기업과 계약·계약갱신을 금지한다.

중국의 바이오 굴기와 미국의 바이오 안보정책은 우리에게 위기일 수 있지만 기회이기도 하다. 당장 미국 시장에서 중국 위탁개발생산(CDMO) 및 유전체분석기업들의 입지가 좁아짐에 따라 한국의 주요 바이오기업들이 반사 이익을 얻을 수 있다.

팬데믹이 세계를 덮치자 미국은 백신을 개발했으나 생산할 곳이 부족했다. 그때 미국이 찾은 곳이 한국 SK바이오사이언스이다. 제조 역량이 이미 검증된 한국 제약기업은 미국의 좋은 파트너가 되었다. 이것을 기회로 한국 제약기업은 크게 성장했다. 반도체처럼 미국은 생산라인이 부족하니 위탁생산은 좋은 사업 분야임에 틀림없다.

그러나 이렇게 지정학적 상황을 이용하는 것으로 한국은 충분할까? 아니다. 반사이익은 오래갈 수 없다. 미국이 AI와 접목한 생산라인 혁신을 이룰 수도 있고, 인도나 브라질과 같은 신흥 산업국가가 위탁생산이나 바이오시밀러 제약 분야에 들어오면 한국의 경쟁력은 약해질 수밖에 없다.

미·중 사이에서 한국 바이오 산업의 길은 어디에 있을까? 첫째도 기술이고 둘째도 기술이고 셋째도 기술이다. 한국은 위탁생산이나 바이오시밀러 분야로는 성장의 한계가 분명하다. 당장은 호황일 수 있지만 그 끝은 정해져 있다. 바이오 산업이 한국의 신성장동력이 되기 위해서는 '메이드 인 코리아'(Made In Korea)에 머물러서는 안 된다. '이노베이티드 인 코리아'(Innovated in Korea), 즉 혁신 바이오 기술을 자체적으로 보유할 수 있도록 질적 전환에 초점을 맞춰야 한다.

인천엔 이미 삼성바이오로직스, 셀트리온, SK바이오사이언스, 롯데바이오로직스 등 세계 최대 규모의 바이오의약품 생산 역량을 갖춘 한국 대표 바이오기업이 집적해 있다. 더욱이 인천의 강점은 이들 기업이 연구개발(R&D)부터 생산까지 통합된 바이오클러스터를 형성하고 있다는 점이다. 이 기업들은 고부가가치 바이오의약품 API, 배양 기술, 위탁개발 생산 분야에서 글로벌 최고 수준의 기술력을 보유하고 있으며, 글로벌 CDMO 기업으로 성장했다. 실제 전 세계 항체신약 주문생산의 3분의 1을 담당하고 있는 인천 소재 삼성바이오로직스의 연간 매출액은 5조 원을 넘으며, 역시 인천에 있으면서 전 세계 바이오시밀러 산업을 선도하는 셀트리온의 연간 매출액 역시 5조 원에 육박하고 있다.

또한 인천은 2024년 6월 대전(유성), 강원(춘천·홍천), 전남(화순), 경북(안동·포항) 등과 함께 바이오의약품 생산, R&D, 원부자재 산업 육성 및 기술 인력 지원 등 초격차 기술 경쟁력 확보를 목표로 하는 바이오 국가첨단전략산업 특화단지로 지정되었다. 그리고 남동국가산업단지 등과 연계하여 다수의 제약·바이오 관련 기업 및 부자재 업체들이 위치하고 있다. 명실상부한 한국 최고의 바이오기업클러스터이다. 그러나 지금까지의 집적은 '메이드 인 코리아'에 최적화되어 있을 뿐, 이노베이티드 인 코리아로 진화하지는 못했다. 더욱이 한국의 바이오 기술기업의 기술 수출이 2025년에만 수십조 원에 달하는 등 성장 가능성이 풍부함에도 이런 기술스타트업이 인천에 모이지 않는다. 한마디로 신약 개발을 중심으로 첨단 바이오 생태계가 구축되지 못했다.

국내 바이오의약 산업 시장 규모는 2025년 기준 총 35조 원이다. 바이오 산업에 대한 정부 투자가 연간 평균 1조원 내외인 점을 감안한다면 정부 투자금 대비 매년 약 35배 이상의 산업적 성과를 창출했다. 이중에서 인천시에 소재한 삼성바이오로직스와 셀트리온 두 개의 기업이 국내 바이오 의약 산업 시장의 3분의 1을 차지했다. 이뿐만 아니다. 우리나라 바이오벤처, 그 중에서도 신약 개발 바이오기업들의 기술 수출 실적은 2025년 기준 총 17건, 20조 원 이상 규모를 기록하고 있다.

하지만 국내 바이오의약 산업 시장 규모는 여전히 작다. 중국(200조 원), 미국(1,000조 원)과 비교하면 지금까지의 성과는 단지 그 가능성을 확인한 정도다. 달리 말하면 앞으로도 더 크게 성장할 수 있는 역량을 갖고 있으며, 더욱 성장해야 한다는 의미다.

바이오의약 산업은 국내 총 산업 규모 1,700조 원 중 2%를 차지하고 있다. 미국 바이오의약 산업이 미국 총 산업 규모의 8%를 차지한다는 점을 고려한다면 우리나라 바이오의약 산업은 향후 최소 4배 이상 성장할 것이라는 예상이 가능하다.

인천이 '메이드 인 코리아'에서 '이노베이티드 인 코리아'로 질적 전환을 한다면 첨단 바이오 기술과 산업의 집적지가 되고 선두주자가 될 수 있다. 차세대 신약 개발 혁신역량을 확보할 수 있다면 기술 수출을 넘어서 우리나라 바이오벤처기업들이 글로벌 빅파마로 성장할 수 있게 될 것이다. 바이오 분야에서 앞으로도 한동안 지속될 미·중 갈등은 정부간 교류를 어렵게 만들 수 있지만, 기업간 연계협력, 지방 정부 간 협력은 오히려 더 용이해질 수 있다. 그리고 이를 통해 바이오 성장동력을 아시아 시장 전역으로 확장해 나간다면, 인천시는 향후 세계 바이오 시장의 선도자로 발돋움할 수 있을 것이다.

정부와 인천시는 이를 위해서 세계 최고의 바이오 R&D 기관을 설립 및 지원해야 하고, 많은 기술기업이 설립되고 더 큰 융합과 혁신이 더 많이 일어날 수 있도록 공간과 세제, 금융, 기술 교류 등을 지원해야 한다. 한편 글로벌 바이오기업과 투자자본이 한국에 와서 투자·협력할 수 있도록 장을 마련해야 한다. 그리고 기술기업이 유니콘을 넘어 빅파마로 성장할 수 있도록 예산 지원 체계 및 정책금융 시스템을 구축해야 한다. 그러면 이 연구기관에서 많은 기술 창업이 일어날 것이고, 다른 기술기업도 융합혁신 기회를 찾아서 모여들 것이며, 한국의 바이오기업은 빅파마로 성장할 수 있을 것이다.

모달리티 혁명과 인천의 보스톤 넘어서기

바이오의약 산업의 성장은 물론이고 미래의 판도 변화를 주도하기 위해서는 무엇이 필요할까? 주문형 생산이나 바이오시밀러와 같이 바이오의약 산업의 특정한 한 영역을 넘어서 바이오의약 산업 전반의 성장을 이끌 수 있는 핵심 주춧돌은 무엇이며, 더 나아가 2030년 전 세계를 선도할 수 있는 우리나라만의 핵심 경쟁력은 무엇일까?

특히 우리나라의 글로벌 관문인 인천국제공항과 가깝고 삼성바이오로직스와 셀트리온, 그리고 최근 송도로 이전한 SK바이오사이언스 등이 입주해 있는 인천 송도 지역을 어떻게 하면 미래 바이오 산업의 판도 변화를 주도할 중심지로 만들 것인가를 놓고 그동안 숱하게 고민하고 공부하고 전문가들과 토론했다.

바이오의약 산업은 본질적으로 내수 산업이 아니라 글로벌 산업이다. 현재 한국은 글로벌 시장에 막 진입해 있을 뿐 산업의 판도를 변화시킬 첨단 경쟁력은 아직 부족하다. 하지만 2030년 전후 글로벌 바이오 산업은 지금까지 경험했던 것과는 다른 아주 커다란 변화가 예상되며, 그러한 변화는 우리에게 도약을 위한 새로운 발판을 제공해줄 것이다.

문제는 도래할 미래의 변화를 선제적으로 준비하고 이에 필요한 핵심 경쟁력을 확보하는 것이다. 바로 '차세대 신약 모달리티'를 발굴하고 주도할 기업을 인천이 갖는 일이다.

신약 개발 모달리티는 그 이전까지는 공략하기 어려웠던

신약 모달리티란?

바이오의약 산업과 관련해 등장하는 어휘들은 대개 익숙하지 않고 그 개념은 결코 이해가 쉽지 않다. 바이오의약 산업에서 '모달리티'는 타깃하는 대상의 형태, 타깃을 조절하는 약리 물질, 타깃에 약물을 전달하는 전달체 등 최소 3개 기술구성 요소의 융합체를 의미한다. 타깃 측면에서는 엔자임, 단백질, RNA, DNA로 진화했고, 약리 물질은 화합물, 단백질, 항체, 펩타이드, 핵산, 세포 등으로 진화했으며, 전달체는 항체, 바이러스, LNP 등이 있다.

지난 40년간 신약 개발 흐름은 화합물 기반의 신약 개발에서 재조합 단백질, 항체로 진화했고, 더 나아가 RNA나 DNA와 같은 핵산(유전자) 기반의 신약 개발, 유전자 편집과 세포치료제가 등장했다. 현재 전 세계적으로 활발하게 개발되는 약물 모달리티는 약 15개 내외다. 신약 개발 모달리티의 등장은 제약 산업의 판도를 변화시켰고, 새로운 모달리티를 선도했던 기업들이 신흥 강자로 부상했다. 재조합 단백질 신약 개발을 주도했던 암젠, 제넨텍, 항체신약 개발을 주도했던 리제네론, 핵산 치료제를 선도했던 앨나일럼(Alnylam), 코로나 mRNA백신을 개발한 모더나 등이 대표적인 사례다.

약물 타깃을 공략할 수 있게 만들기 때문에 신약 개발 트렌드는 물론이고 시장의 판도 역시 크게 변화하게 된다. 신규 모달리티 기반의 바이오테크기업들이 최근 미국 나스닥 시장에 가장 높은 기업가치로 상장되는 이유다.

또한 신규 모달리티가 가지는 높은 미래가치로 인해 미국의 바이오 전문 벤처투자자들은 엄청난 규모의 투자금을 준비해서 차세대 모달리티가 무엇일지, 해당 분야의 신생 벤처기업이 어디에 있는지 항상 촉각을 곤두세운다.

결국 인천이 세계 바이오 산업을 주도하기 위해서는 차세대 모달리티를 발굴하고 주도할 역량을 갖춰야 한다. 이를 위해 미국 보스톤 사례를 살펴보는 것은 매우 중요하다. 보스톤이 세계적인 연구기관을 중심으로 빠른 시간에 세계 제약 산업 판도 변화의 중심이 되었기 때문이다.

글로벌 제약 산업의 중심은 미국이며 그중에서도 보스톤 지역은 바이오의약 산업의 변화를 선도하는 핵심 지역이다. 미국 바이오기업은 1980년대 글로벌 제약 산업의 대전환기에 시작되었으며, 벤처투자가 가장 활발했던 캘리포니아 지역을 중심으로 성장했다. 보스톤이 캘리포니아를 대신해서 바이오신약의 중심으로 등장한 것은 하버드대학과 MIT에서 개발된 연구 성과를 기반으로 창업된 바이오젠(Biogen), 버텍스(Vertex), 그리고 바이오의약 기초원천연구와 융합연구

에 특화된 브로드인스티튜트(Broad Institute)가 2003년 설립
되면서다. 이와 동시에 2008년 메사추세츠 주 정부의 10억
달러(약 1조 4,000억 원)의 공공투자로 초기 연구개발과 벤처
창업에 지원됐다.

　 이 시기를 전후해서 우수한 연구 성과, 세계 최고의 인재
들이 배출되는 보스턴 지역으로 바이오 전문 벤처캐피털들
이 모여들면서 RNA 치료제 개발의 선두주자 앨나일럼이 창
업했다. mRNA 백신으로 유명한 모더나가 창업한 곳도 보스
톤 지역이었다.

　 2000년대 이후에는 브로드인스티튜트에서 개발된 유전
자 편집 기술을 기반으로 에디타스(Editas), 크리스퍼(CRISPR),
빔 테라퓨틱스(Beam Therapeutics) 등이 창업됐다. 보스턴 지
역이 차세대 신약 개발 모달리티의 거점이 되자 이 시기를 전
후해서 거의 모든 글로벌 빅파마가 보스턴에 연구소를 설립
했고, 그 결과 오늘날에는 세계 최고의 연구자 10만 명이 보
스턴에 모여 있게 됐다.

　 보스턴이 세계 바이오의약 산업의 중심으로 등장한 결
정적 원인 두 가지를 꼽는다면 첫째는 브로드인스티튜트, 하
버드, MIT 등과 같은 세계 최고 수준의 연구기관이 있었다
는 점, 둘째는 연간 75억 달러(약 10조 9,000억 원)가 넘는 풍부
한 자금으로 새로운 모달리티 기반의 창업을 이끌어낸 벤처

캐피털이라고 할 수 있다.

국내에서는 너도나도 '한국의 보스톤'을 표방하며 바이오클러스터를 꾸리고 있다. 현재 우리나라에는 송도 바이오클러스터를 포함해 15개 시도에 25개의 바이오클러스터가 존재한다. 이들 모두 한국의 보스톤을 표방하고 있지만 뚜렷한 성과를 보여준 곳은 리가켐, 알테오젠, 펩트론이 입주해 있는 대전 지역을 제외하고는 찾아보기 어렵다. 게다가 대전 바이오클러스터 역시 20년이 넘게 육성하며 이뤄낸 성과지만, 10년도 안 된 중국 쑤저우 지역과 비교해 본다면 아쉬움이 남는다. 쑤저우 중심의 중국 바이오텍은 작년 글로벌 바이오의약 기술 수출의 30%를 점유하고 있는 반면, 우리나라 전체로 보아도 기술 수출 건수나 액수를 기준으로 5%를 넘지 못하기 때문이다.

그렇다면 한국의 보스톤을 넘어서 세계를 선도할 인천이 되기 위해서는 무엇이 필요할까? 핵심은 두 가지다. 세계 최고 수준의 연구기관과 차세대 모달리티 기반 벤처 창업을 이끌 수 있는 새로운 벤처캐피털 투자모델이다.

인천에서 시작되는 위기 속의 기회

송도 바이오클러스터의 미래는 장미빛만 있을까?

송도 바이오클러스터는 삼성바이오로직스, 셀트리온, SK바이오사이언스, 그리고 롯데바이오로직스까지 주문형위탁생산(CMO)이나 바이오시밀러 업체가 입주해 있다. 입지 규모나 지역 내 매출액의 규모로만 본다면 국내 최대다. 고용 역시 7,000명에 육박한다. 하지만 삼성바이오로직스와 셀트리온의 연매출액 10조 원을 기준으로 본다면 매출액 대비 고용창출력은 10억 원에 1명도 안 되는 셈이다.

게다가 송도 바이오클러스터 내 바이오의약품 생산 관련 가치사슬을 구성하는 원부자재 바이오벤처기업들 역시 마찬가지다. 바이오의약품 생산 관련 원부자재 산업의 특성상 특정 모달리티가 등장하는 시점에 해당 지역을 중심으로 산업 표준이 형성되며, 해당 모달리티가 성장하는 과정에서 최초 탄생 지역을 중심으로 글로벌 가치사슬망이 확장되기 때문이다.

이러한 이유로 대형 주문형위탁생산 기업들이 입주해 있다고 해도 원부자재 산업의 국산화를 시도하는 것은 매우 어렵다. 우리나라보다 더 큰 규모를 자랑하는 중국의 주문형위탁연구(CRO)나 주문형위탁생산 산업 역시 원부자재 국산화

송도 바이오클러스터 (출처: 인천경제자유구역청)

가 어려운 이유다.

그렇다면 송도 지역 내 연구개발 역량은 어떨까? 송도 바이오클러스터 내 입주한 첨단 바이오의약벤처기업은 20개 내외로 손가락으로 꼽을 정도로 적다. 보스톤 지역 내 바이오벤처기업이 1,000여 개가 넘고 중국 상하이-푸동 지역에 입주한 바이오벤처기업의 숫자 역시 1,000개가 넘는 점과 비교해본다면 엄청난 차이가 있다.

한국생명공학정책연구원이 2022년 발간한 통계자료에 따르면 송도 지역 내 바이오의약벤처기업이 연간 투자하는 연구개발비는 총 786억 원으로 기업당 30억 원이며, 해당 지역 내 정부연구개발 투자비는 152억 원으로 기업당으로 계

산하면 7억 원 내외다. 사정이 이렇다 보니 지역 내에 투자되는 벤처캐피털의 투자 규모 역시 연간 300억 원 내외에 불과한 실정이다.

국내 최대 매출액을 자랑하는 대형기업이 입주해 있지만 송도 지역 내 원부자재 바이오 가치사슬도 형성되지 못하고, 창업생태계 형성은 더더욱 되어 있지 않다. 이대로라면 송도가 한국의 보스톤으로 성장한다는 건 불가능에 가깝다.

기회를 개척하는 기업

바이오의약 산업 역시 거대한 구조적 변화가 진행되고 있다. 화이자가 2024년 매출액 636억 달러(약 93조 1,100억 원)를 기록하는 등 글로벌 제약기업들의 연 매출액은 100조 원에 가깝다. 하지만 이러한 매출의 대부분은 몇몇 소수의 블록버스터급(연매출 1조 원 이상) 약물로부터 나오는데, 이들 블록버스터급 약물의 40% 이상이 2030년 전후 특허 만료를 앞두고 있다. 특허 만료가 예상되는 블록버스터급 약물의 개수는 190개, 이로 인해 3,000억 달러의 매출액 감소가 예상된다. 글로벌 제약기업들 역시 위기감이 클 수밖에 없다. 자체 연구개발이 아니라 바이오벤처나 연구소에서 개발한 신약 파이프라인을 도입하는 방식을 유지하고 있기에 2030년 이후 글로벌 빅파마의 바이오벤처들에 대한 의존도는 더욱 높아질 수밖에 없다.

이는 우리나라와 같은 후발주자에게 큰 기회가 된다. 문제는 미래의 변화를 선취하고 누가 먼저 과감한 도전을 시작할 것인가에 있다. 우리가 미처 확인하지 못했을 뿐 인천은 대전환기 도약을 이뤄낼 충분한 저력을 갖고 있다.

인천 송도에 입주한 앵커기업들이 이러한 구조적 변화의 흐름에 맞는 혁신을 먼저 시작하고 있다. 바이오시밀러 산업의 강자가 되었던 성공적인 경험을 바탕으로 셀트리온이 차세대 혁신 신약 개발을 위한 도전에 나섰다. 셀트리온은 연간 영업이익 1조 원, 삼성바이오로직스는 2조 원을 넘기면서 상당한 투자 여력을 확보했다. 우리나라 상위 10대 제약기업 연구개발 투자액은 1,000억 원, 코스닥 상장 10대 바이오벤처의 연구개발 투자액은 500억 원 이하라는 점을 고려하면 2개 앵커기업의 투자 여력이 얼마나 큰지 알 수 있다.

실제로 셀트리온은 자사의 오픈이노베이션(Open Innovation)을 통해 다수의 바이오벤처로부터 우수한 혁신 신약 파이프라인을 도입하고 있으며 1조 원 규모 펀드를 조성해서 더욱 공격적인 벤처 창업 투자에 나설 것을 예고했다. 삼성바이오로직스 역시 물적분할로 상장된 바이오에피스를 통해 차세대 신약 개발에 착수했다. 또한 2,500억 원 규모의 삼성 라이프사이언스펀드를 통해 해외 차세대 기술플랫폼 탐색에 적극적으로 나서고 있다. 2024년 기준 3조 5,000억 원 규모의 운용 자산을 가진 삼성벤처펀드와 연계할 경우 투자 여력은 더욱 커지게 된다. 미국 보스톤에서 활동하는 바이오 전문 벤처캐피털 플래그십(Flagship)이나 아틀라스(Atlas) 등과 직접 경쟁하기는 어렵지만 국내에서는 유례없는 공격적이고 과감한 글로벌 바이오벤처캐피탈 모델을 시도하고 있다.

관건은 이렇게 만들어진 투자자본이 해외가 아니라 국내로, 그것도 송도로 집중될 수 있는 구조를 어떻게 만들 것인지, 어떤 내용으로 집중시킬지에 관한 것이고, 그에 대한 해답이야말로 인천 송도가 보스톤을 넘어서 세계 최고의 바이오 클러스터로 성장할 수 있는 전략의 핵심이 될 것이다.

신약 모달리티가 탄생하는 곳, 인천바이오과학기술원

기업의 노력만으론 한국 바이오 산업이 글로벌 수준으로 올라서기엔 힘이 부친다. 중앙 정부와 지방 정부의 화답으로 인천에 구체적이고 실천적인 전략을 준비해야 한다. 바로 인천

MIT와 하버드의 브로드인스티튜트 전경 (출처: Wikipedia-English by Madcov-erboy)

송도를 차세대 신약 개발 모달리티의 산실로 만드는 것이다. 그리고 이를 위한 첫 번째 과제로 '인천바이오과학기술원' 설립을 제안한다. 인천바이오과학기술원은 차세대 모달리티 개발 인력 공급 측면에서 '한국의 브로드인스티튜트' 역할을 톡톡히 해낼 수 있다.

물론 차세대 모달리티를 개발하는 일은 쉽지 않다. 새로운 생물학적 원리, 새로운 약물 타깃, 모달리티를 구성하는 다양한 기술구성 요소를 새롭게 개발해야 하며, 해당 기술구성 요소들을 최적 조합할 수 있는 엔지니어링 기술이 바탕이 되어야 하기 때문이다. 차세대 모달리티가 대부분 세계 최고 수준의 대학에서 시작되어 융합학제로 운영되는 대형 연구소에서 탄생하는 이유다.

앞서 언급했듯이 보스톤이 바이오신약 개발의 세계적 클러스터가 될 수 있었던 두 가지 조건 중 하나는 하버드대학과 MIT가 2004년 주변의 세계적 병원과 화이트헤드연구소 등과 협력해서 설립한 바이오메디컬, 유전체 연구센터인 연구원 1,800명 규모의 브로드인스티튜트였다.

현재 브로드인스티튜트의 핵심 연구 프로그램은 유전자 조절 메카니즘을 시스템 차원으로 통합 연구하는 프로그램, 면역 및 대사 관련 세포단위 조절 메카니즘 규명, 새로운 질환기전 규명을 기반으로 새로운 약물 개발 모달리티 개발, 그리고 이들 모두를 인공지능으로 통합시키는 프로젝트를 운영하고 있다. 새로운 모달리티가 탄생할 수 있는 최적의 요람으로 작동하고 있는 것이다.

또 미국 정부가 주도하는 아르파-H(ARPA-H. Advanced Research Projects Agency for Health)도 유사한 역할을 수행하고 있다. 아르파-H는 불확실성과 실패 위험이 높은 신약 개발 및 질병 예방 프로젝트를 선별해서 집중 지원하는 프로그램이다. 아르파-H 예산은 2025년 기준 15억 달러(약 2조 1,940억 원)이며 보스톤, 댈러스, 워싱턴 지역에 거점을 두고 플랫폼 중심의 연구를 집중 지원하고 있다.

여기에서 내가 제안하는 인천바이오과학기술원은 브로드인스티튜트와 아르파-H 프로그램을 모델로 하지만 의과학 기반의 차세대 신약 개발 모달리티, 특히 그 핵심 플랫폼을 통합하는 연구에 집중한다는 점에서 차이가 있다. 기초원천 연구 분야에서는 세계적인 대학이나 연구소와 개방형 협력을 진행하되, 신약 개발 모달리티 확보라는 측면에서는 기술통합에 집중하는 것이다.

유전자 편집 치료제 분야를 예로 들어보겠다. 현재 기술로는 체외에서 유전자 편집된 세포를 활용할 수는 있지만 체내에서 직접 특정 세포를 타깃으로 유전자 편집을 할 수 없다. 유전자 편집 기술을 약물 개발에 활용하기 어려운 중대한 한계다.

만약 타깃 선택적 유전자 편집 물질전달 기술을 개발하게 된다면 신약 개발 분야에서 과거에는 상상할 수 없었던 일대혁명이 일어날 수 있다. 만약 이러한 분야에서 인천바이오과학기술원이 획기적인 성과물을 만들어내게 된다면 해당 분야 진출을 원하는 기업들은 인천바이오과학기술원과의 협력은 선택이 아니라 필수가 될 것이며, 송도 지역에 연구소를 설립할 수밖에 없다.

한번 클러스터링 효과가 창출되면 글로벌 차원의 가치사슬 핵심으로 등장하게 될 것이다. 일본 고베 줄기세포클러스

터가 착수한 지 10년 만에 세계적인 줄기세포클러스터의 중
심지로 성장한 것처럼, 인천도 보스톤을 뛰어넘는 차세대 바
이오 기술과 산업의 거점이 될 수 있다.

인천-송도 지역에는 세계 탑티어 수준의 연구기관이 없다.
글로벌 수준의 바이오클러스터는 많은 바이오벤처기업이 필
요하다. 그리고 바이오벤처기업은 우수한 연구기관과 함께 등
장하고 발전한다. 우수한 연구기관의 부재는 바이오클러스터
구성과 발전에 가장 큰 한계 요인이다.

이러한 현실을 바꾸고 나아가 세계적 바이오클러스터로
성장하기 위해서는 인천바이오과학기술원 설립이 필수불가
결하다. 인천바이오과학기술원은 인천을 넘어 우리나라 전체
차원에서도 차세대 신약 개발 모달리티를 창출할 수 있는 국
가적 중심이 될 것이다.

특별히 주목해야 할 사실이 있다. 우리나라는 차세대 신
약 개발 연구 거점이 거의 없다시피 하다. 몇몇 국가연구소에
특정 분야에 한정된 소규모 연구센터가 분산적으로 존재할
뿐 미래 신약 개발 모달리티를 통합하고 원천기술 플랫폼을
개발할 수 있는 연구 거점은 없다.

차세대 모달리티 개발을 위해서는 타깃이나 물질 관련
생물학 분야의 기초과학과 함께 핵심 구성요소들을 통합, 최
적 엔지니어링할 수 있는 역량이 필수적이며, 무엇보다 미래

에 등장하게 될 새로운 모달리티가 무엇이 될 것인지, 해당 모달리티를 확립하기 위한 설계도는 무엇인지를 파악하고 실행할 수 있는 역량, 즉 통합과 설계 능력이 중요한데, 현재 우리나라에는 이를 해결하기 위해 필요한 연구기관이 없다.

인천바이오과학기술원이 인천 지역의 문제일 뿐만 아니라 국가적인 과제가 될 수밖에 없는 이유다. 이처럼 인천바이오과학기술원 설립은 연구자원이 부족한 송도 바이오클러스터의 한계를 극복하기 위한 최적의 해결책이자, 한국 바이오클러스터의 일대전환을 견인할 선도적 시도가 될 것이다.

이재명정부 역시 바이오 산업의 지속 가능한 성장을 위해 차세대 모달리티 개발 인프라의 부족을 해결해야 할 국가적 과제로 인식하고 있다. 차세대 모달리티를 개발할 수 있는 연구기관이 국내에 사실상 부재한 상황에서 세계적 수준의 한국 바이오 산업이 정작 국내에서는 혁신의 씨앗을 만들기 어렵다는 점은 산업 경쟁력 측면에서도 반복적으로 지적되었다.

이에 따라 정부는 바이오 산업의 글로벌 경쟁력을 뒷받침하기 위한 핵심 인프라로서 차세대 모달리티 연구기관과 통합 플랫폼의 확충을 주요 정책 방향 중 하나로 검토하고 있다.

따라서 인천바이오과학기술원을 차세대 모달리티 연구

의 국가 거점으로 구축하는 구상은 중앙 정부가 인식하고 있는 연구 인프라의 공백을 지방 정부 차원에서 가장 선제적으로 대응하는 사례가 될 수 있다.

인천바이오펀드, 투자가 몰려드는 도시

송도 바이오클러스터가 신약 개발의 중심이 되기 위한 두 번째 과제가 있다. 송도를 바이오벤처투자의 중심으로 만드는 것이다.

앞서 말했듯이 보스턴 지역 내에 바이오의약벤처기업에 투자되는 자금의 규모는 75억 달러(약 10조 원)다. 우리나라 전체 바이오의약벤처투자액이 1조 원 내외인 것을 기준으로 하면 보스턴 지역에만 그 10배가 투자되는 것이다. 보스턴에 이어 세계적 바이오클러스터로 부상하고 있는 중국 쑤저우 혁신투자펀드의 규모 역시 1,000억 위안(약 19조 원, 연간 평균 투자액 1조 원 추정)이다.

이에 반해 현재 송도 지역 내 바이오벤처투자액은 고작 300억 원에 불과하다. 비교 자체가 불가능한 수준이다. 이 정도 투자 규모로는 송도 바이오클러스터에 입주할 창업기업을 찾기가 불가능할 수도 있다.

바이오벤처 창업은 기술, 자본, 인력이 결정한다. 기술과 인력은 인천바이오과학기술원이 담당한다고 해도 투자자본이 뒷받침하지 않으면 신규 창업도, 다른 지역에 소재한 벤처기업을 유치하는 것도 어렵다. 메사추세츠 주에서 보스톤 클러스터 육성 초기 10억 달러 규모의 공공투자를 단행한 것도 마찬가지 이유에서다.

보스톤 지역에 창업하려는 벤처기업들에게 초기연구에 필요한 자금을 지원하고 공용 연구 인프라를 제공함으로써 기업간 클러스터링이 발생할 수 있는 기반을 마련, 민간 벤처투자가 이어질 수 있는 선순환 흐름을 만든 것이다.

같은 문제의식으로 최근 대전 지역에서도 유사한 시도가 이루어지고 있다. 대전투자금융의 출범이 그것이다. 대전투자금융은 대전시가 공적자금 500억 원을 선제적으로 출자하고 향후 2030년까지 총 3,000억 원 규모의 펀드를 조성하여 직접 운용하는 것을 목표로 설립된 주식회사이다.

인천시는 비슷한 방식으로 연간 10개 내외의 바이오신약 개발 바이오벤처 창업이 가능한 1,500억 원 규모의 '인천바이오펀드'를 만들 필요가 있다.

인천바이오펀드 조성을 위한 출자금 확보는 인천시와 지역 내 은행 출자 외에도 셀트리온과 삼성바이오에피스로부터 상생협력을 위한 출자 유치를 통해 가능하며, 투자 규모 확대가 필요하다면 비교적 자본력이 풍부하면서도 미국 생물보안법의 영향으로 글로벌 진출에 어려움을 겪고 있는 중국으로부터 투자자금을 유치하는 방안도 마련할 수 있다.

이뿐만 아니라 인천바이오펀드는 투자의 형태와 방식도 차별화할 필요가 있다. 우선 투자 규모와 투자 방향 측면에서 차별화할 필요가 있다. 인천바이오펀드는 국내에서 일반적으로 진행되는 투자단계별 투자금의 10배 이상으로, 차세대 모달리티에만 집중적으로 투자하는 완전히 차별화된 인천형 투자모델을 선보일 수 있다.

또한 사업모델이나 기술개발의 방향과 집행을 창업자에게 일임하는 현재의 일반적 투자 형태를 벗어나 미국 선진 벤처투자자들의 투자 형태인 기획 창업형 벤처투자를 시도해볼 수 있다.

K-바이오랩허브, 아이디어가 기업이 되는 도시

미국식 기획 창업형 벤처투자는 벤처투자자가 주도해서 미래의 기술수요를 예측한 뒤 핵심 기술 요소를 선정, 추가적으로 필요한 기술을 외부로부터 도입 보완하는 방식으로 창업을 진행한다. 필요하다면 벤처투자자가 전문경영인과 핵심 인력을 선정하는 등 기존 기술개발자와 더불어 창업팀을 새롭게 조합하거나 개편하는 것도 가능하다. 투자자가 경영에 직접적으로 기여하는 구조다.

이와 관련해 주목할 만한 보스톤의 사례가 있다. 하버드대학과 MIT를 중심으로 학생들과 교수진의 첨단 연구 성과를 벤처 창업으로 전환시키는 '사이언스 투 스타트업'(Science-2Startup)이라는 프로그램이다. 이 프로그램은 미국 내 바이오벤처투자에 특화된 벤처투자사들이 현재 신약 개발 트렌드로는 해결하기 어려운 미충족 수요 분야를 특정하고 관련 이슈들을 해결할 수 있는 창업 아이디어를 공개 모집한다. 창업 아이디어가 채택되면 선배 기업가, 벤처투자사, 연구자 등이 아이디어 실행팀을 구성할 수 있도록 지원하고, 실제 검증에 필요한 자금을 투자하는 모델이다. 매년 8개 프로그램이 선정되며, 실제 창업으로 이어진 13건의 사례는 차세대 모달리티 전환을 이끄는 기업들로 평가받고 있다.

인천에는 이러한 기획 창업 방식의 벤처투자가 가능한 토대가 마련되어 있다. 'K-바이오랩허브'가 그것이다. K-바이오랩허브에는 창업-사업화에 필요한 과정을 빠르게 진행할 수 있는 시설 및 장비가 구축되어 있다. 미국식 기획 창업에 필요한 외부기술은 국내 대학 혹은 연구소로부터 도입하되, 도입된 기술을 플랫폼으로 확장하고 최적화할 수 있는 엔지니어링, 개념설계가 작동하는지 검증할 수 있는 결정적 실험(Killer Experiment)이 모두 K-바이오랩허브에서 가능해진다.

인천바이오사이언스파크와 인천바이오엑스포,
세계에서 꽃피울 인천 바이오 산업

인천바이오펀드와 K-바이오랩허브가 송도 바이오클러스터를 한국의 보스톤으로 만들기 위해 지금 바로 실행할 수 있는 전략이라면, 인천바이오과학기술원은 2030년 이후 송도 바이오클러스터가 글로벌 제약 산업의 판도 변화를 선도하는 세계의 중심으로 자리 잡기 위해 필요한 중장기 전략이라고 할 수 있다.

정책은 구체적인 공간을 통해 나타난다. '인천바이오사이언스파크'를 조성해서, 인천바이오과학기술원, K-바이오랩허브, 바이오벤처기업, 그리고 공공의대 및 공공한의대 등 바이오 산학연 기관을 집적함으로써 융합과 혁신을 촉진시켜야 한다.

인천바이오펀드와 인천바이오사이언스파크가 만나면 혁신적인 시너지가 창출될 것이다. 차세대 신약 개발에 나서고자 하는 셀트리온과 삼성바이오로직스 등 대기업이 참여하는 인천바이오펀드가 조성된다면, 인천 K-바이오랩허브를 중심으로 매년 10개 내외의 차세대 모달리티 개발에 도전하는 야심 찬 벤처기업이 탄생할 수 있을 것이다. 이를 통해 향후 10년간 총 100개의 차세대 바이오벤처기업이 K-바이오랩허브에 입주하면, 바이오클러스터는 세계 수준의 바이오 허브로 성장하게 될 것이다.

바이오벤처 1개 기업당 20명의 연구원이 필요하다면 총 2,000명의 고급 연구인력들이 새롭게 창출되고, 현재 송도지역 내 약 3,000명 연구인력과 합쳐지면 5,000명 연구인력이 결집된다. 그 결과 한국 바이오 산업의 거점은 세계 수준으로 도약할 것이다.

인천바이오과학기술원·인천바이오펀드·K-바이오랩허브라는 혁신 3요소가 결합해서 상호 선순환구조로 정착되어야 한다. 선순환구조는 더 많은 인천바이오과학기술원의 연구자들로 하여금 차세대 모달리티와 신약 개발 벤처 창업에 도전하게 만들 것이고, 이런 도전은 유니콘기업과 글로벌 빅파마의 탄생으로 이어질 것이다.

또한 위 성과를 세계화하기 위한 도약대로 '인천바이오엑스포'(Incheon Bio Expo) 개최를 제안한다. 인천바이오과학기술원과 인천바이오펀드, K-바이오랩허브에서 꽃피운 한국 바이오기업의 혁신 기술을 세계에 선보이는 쇼룸이 될 것이다. 또한 글로벌 자본의 투자와 한국 바이오 신약 수출이 이뤄지는 세계 바이오 산업과의 최접점이자 메인 무대가 될 것이다. 특히 세계 제약 시장 2위로 부상한 중국의 관심과 참여를 이끌어낸다면 인천바이오엑스포의 글로벌 입지는 더욱 명확해질 것이다.

인천바이오과학기술원, 인천바이오펀드, K-바이오랩허브. 연구와 투자와 창업이 함께 작동할 때 인천은 서울의 보조 거점이 아니라 세계의 바이오 산업 중심지로 도약할 것이다.

차세대 바이오의 출항지이자 세계의 연구자들이 모여 혁신을 만드는 글로벌 바이오 산업 도시 인천! 이것이 내가 꿈꾸고 만들고자 하는 인천의 미래다.

7

K-컬처의 출항지

공연이 끝난 후의 공간, 그 가능성을 묻다

1980년 대학가요제에서 은상을 받았던 그룹 샤프의 노래 '연극이 끝난 후'를 좋아했고, 요즘도 가끔씩 부르곤 한다. 화려한 연극이 끝나고 난 뒤 조명이 꺼진 무대의 어둠과 정적, 비어버린 객석의 공허함을 노래한 가사가 가슴에 와닿았다. 하지만 현실 속 공연 무대는 더 이상 비어 있어서는 안 된다.

5만 석 공연장을 생각할 때 우리는 빛나는 가수, 춤추는 객석, 화려한 조명, 분주한 세트, 모든 것이 충만한 무대를 떠올린다. 그러나 공연이 끝나고, 무대 위로 막이 내리고, 축제장의 문이 닫히면 모든 공기는 달라진다. 가수는 사라지고, 객석은 조용해지고, 조명은 꺼지고, 세트는 멈추고, 무대는 고요해진다. BTS, 블랙핑크, 빅뱅 등 5만 석을 채울 수 있는 공연이 열리는 날은 연중 한 달 내외다. 나머지 열한 달은 비어 있을 가능성이 높다. 그러나 무대는 계속되어야 한다. 조명이 꺼진 무대와 공간을 주목해야 하는 이유가 여기에 있다.

한 달의 화려함이 만들어내는 폭발적인 에너지를 나머지 11개월이 이어받아야 한다. 어떻게 가능할까?

BTS의 라이브 콘서트가 끝나도 BTS 공연은 대형화면 위에서 계속된다. 페이커가 소속된 T1의 롤(LOL·리그 오브 레전드) 월드 챔피언십 결승전이 끝나면, 관객이 페이커와 한 팀이 되어 결승전을 다시 펼치는 것이다. 또 외국에서 열리는 월드컵 경기도 스타디움에 모여서 함께 관전한다. 공연은 계속되고, 축제는 이어지고, 경기는 계속되면서 사람들이 모이고 흩어지고 만나고 헤어지기를 반복한다.

공연장을 채우는 것은 문화다. 5만 석 공간을 공연으로 채우는 1개월, 그리고 나머지 11개월은 작은 축제와 콘텐츠로 채우고자 한다. 가수의 이벤트를 통해 서사가 시작되고, 콘텐츠가 계속 생산되고, 사람들이 계속 모이면서 이야기는 완성된다. 이 서사를 완성하기 위해 5만 석 공연장은 처음부터 11개월의 비어 있는 시간까지 담아내는 그릇이 되어야 한

2019년 7월, BTS의 일본 시즈와카 5만 석 콘서트 (출처: 연합뉴스)

다. 그래야 다양한 문화와 콘텐츠를 담아낼 수 있다.

이 길은 아무도 가보지 않은 길이다. 서울에도 이런 시설은 없다. 1876년 강화도 조약을 통해 외국 문물은 아무런 준비도 안 된 상태에서 인천을 통해 우리에게 수입됐다. 150년이 흐른 오늘, 이제 우리는 인천을 문화를 수출하는 출항지이자 콘텐츠를 담아내는 플랫폼으로 시작하려고 한다.

내가 꿈꾸는, 그리고 우리가 함께 꿈꾸는 문화도시 인천의 출항을 알린다.

왜 인천이어야 하나:
받아들이던 항구에서 뻗어나가는 출항지로

결국 장소의 문제다. 한 나라의 문화가 세계와 소통하는 과정은 언제나 특정 장소와 연결된다. 문화는 사람들이 모이고 흩어지고, 이야기가 시작되고 확산되는 공간 속에서 형성된다. 대한민국에서 인천은 오랫동안 그러한 역할을 맡아왔다. 개항 이후 인천은 외국의 문화와 문물이 처음으로 들어온 항구였고, 외부 세계와 조선을 잇는 가장 앞선 접점이었다. 그 시기 인천은 '받아들이는 곳'이었다.

그러나 오늘날 인천에 요구되는 역할은 다르다. 이제 한국 문화는 외부로부터의 유입보다 스스로 만들어지고 세계를 향해 뻗어나가는 흐름이 강해지고 있다. K-컬처는 국경 안에서 완성되는 문화가 아니라 이동과 확산을 전제로 작동하는 문화이며, 그 출발은 분명한 공간적 거점이 필요하다. 인천은 더 이상 외국 문화를 들여오는 항구에 머물러서는 안 되고, 한국 문화가 세계로 향해 출항하는 도시로 기능해야 하는 이유가 여기에 있다.

인천은 공항과 항만을 통해 세계와 직접 연결된 도시다. 이동과 체류, 만남과 이별이 일상적으로 반복되는 곳이다. 이러한 조건은 문화가 생산된 뒤 곧바로 세계와 접속되고, 다시 새로운 해석과 영향을 안고 돌아오는 순환을 가능하게 한다. 서울이 K-컬처의 집적지라면, 인천은 그 문화가 세계로 나아가는 첫 경로이자 다음 흐름을 준비하는 전면에 서 있는 도시라고 볼 수 있다.

인천에는 이미 서사가 있다. 문화가 특정 산업이나 공간에 고립되지 않고 도시의 일상과 함께 움직일 수 있는 토대를 갖고 있다. 원도심과 신도시, 산업과 생활, 역사와 미래가 겹쳐 있는 구조는 K-컬처가 단발적인 성과에 그치지 않고 시민의 삶 속에서 지속될 수 있는 가능성을 만든다. 세계로 나아가는 문화일수록 이를 떠받치는 도시의 생활과 참여가 중요해진다는 점에서 인천의 조건은 더욱 분명해진다.

'K-컬처의 출항지'는 세계로 뻗어가는 인천에 대한 근원적 도시 규정이다. 그러나 단순한 시작점이 아니라 한국 문화가 세계와 관계를 맺는 방식 자체를 보여주는 공간이어야 한다. 인천은 과거에 외국 문화를 맞이하던 항구에서, 이제는 한국 문화가 세계로 향해 떠나는 출항지로 전환되어야 할 시점에 서 있다.

우리가 꿈꾸는 인천은 K-컬처가 만들어지고 세계로 나아가며, 모두가 일상적으로 K-콘텐츠를 즐기며 새로운 이야기를 남기는 출항지다. 우리나라 문화가 세계를 향해 움직이기 시작하는 가장 설득력 있는 자리, 바로 인천이다.

도시 전략으로서의 문화정책,
세 가지 원칙 그리고 통합적 접근

K-컬처는 더 이상 특정 장르나 산업에 한정된 문화 현상이 아니다. 대형 콘서트와 글로벌 투어로 확장된 K-POP은 물론, 드라마와 영화, 웹툰과 게임, 푸드와 패션, 전시와 관광 콘텐츠까지 서로 영향을 주고받으며 하나의 흐름을 이루고 있다.

최근 공연을 보기 위해 한국을 찾은 관객이 도시의 음식과 거리, 역사와 생활문화를 함께 경험하고 다시 이를 콘텐츠로 소비하는 순환도 자연스러워지고 있다. K-컬처는 이제 개별 성공 사례의 집합이 아니라 여러 분야가 동시에 움직이는 복합적인 문화생태계에 가깝다.

문화정책 또한 시대 변화에 따라 달라져야 한다. 더 많은 콘텐츠를 만드는 것만으로는 충분하지 않다. 문화가 만들어진 이후 어디에서 출발해 어떤 경로로 세계와 연결되는지가 점점 더 중요해지고 있다. 공연이 열리고 촬영이 이루어지고 창작자가 활동한 장소가 곧바로 관광과 산업, 교류로 이어지는 구조가 필요해진 것이다. 문화는 더 이상 한 번 소비되고 끝나는 결과물이 아니라 이동과 확산을 전제로 성장하는 과정이 됐기 때문이다.

인천의 문화정책은 방향성과 구조, 전략을 가져야 한다.

2만 석이냐, 3만 석이냐, 5만 석이냐 등 공간의 규모에 대한 질문이 아닌 '어떤 재미난 콘텐츠냐', '누구랑 할 거냐'로 질문을 바꿔야 한다. 공연과 축제, 역사문화 자산과 창작 산업, 관광과 국제 교류는 각각 분리된 정책 영역이 아니라 출항지라는 개념 아래 유기적으로 연결되어야 한다. 예를 들어 대형 공연과 국제행사는 인천에서의 체류와 관광으로 이어지고, 원도심의 역사와 공간은 콘텐츠의 배경이 되며, 창작과 산업은 다시 새로운 문화의 출발점이 되는 구조를 만들어야 한다.

이를 위해 인천의 문화정책은 세 가지 원칙을 중심으로 재설계될 필요가 있다. 세 가지 원칙은 이후 공연, 축제, 문화 산업, 관광, 교통 공약을 관통하는 기준이 되어야 한다.

첫째, 문화는 특정 시설이나 이벤트에 고립되지 않고 도시 전반으로 확산되어야 한다.
둘째, 문화는 일회성 소비에 그치지 않고 반복적인 방문과 체류를 만들어내는 콘텐츠 속에서 지속되어야 한다.
셋째, 문화는 인천 시민의 일상과 분리되지 않고 생활 속에서 경험하고 참여할 수 있어야 한다.

K-컬처의 출항지는 단순한 시작점이 아니다. 그것은 한국 문화가 세계와 관계를 맺는 방식 자체를 보여주는 공간이다.

인천이 그 역할을 맡을 때 문화는 지나가는 콘텐츠가 아니라 도시의 정체성이 된다. 우리가 만들고자 하는 인천은 K-컬처가 만들어지고 세계로 나아가며 다시 돌아와 새로운 이야기를 남기는 출항지다. 인천의 문화정책은 그 전환을 가능하게 하는 도시 전략의 출발점이다. 인천 전체가 K-콘텐츠를 중심으로 한 복합 생태계의 출점점이 되어야 한다.

문학경기장의 새로운 가능성
5만 석 규모의 공연장, '문학 스타디움'

핵심은 '5만 석 규모의 공연장'이다. BTS 멤버들이 모두 군대를 전역해 완전체가 돼 공연을 여는데 그들을 수용할 5만 석 규모의 공연장이 국내에 없다. 그렇다고 프랑스 파리, 미국 LA, 일본 도쿄에서 첫 시작을 알리는 것도 적절하지 않다. 결국 그들이 선택한 것은 서울 광화문광장이다. 만약 5만 석 규모의 공연장이 있었다면 서사가 달라지지 않았을까?

K-컬처의 확산에서 공연은 여전히 도시의 체류를 만들어내는 가장 직접적인 계기다. 특히 한 번의 공연으로 5만 명 이상을 동원하는 스타디움급 아티스트의 존재는 공연 인프라가 더 이상 부수적인 문화시설이 아니라 도시 전략의 일부가

되어야 함을 보여준다. 오늘날 한국은 BTS나 블랙핑크 등과 같이 이미 월드스타급 예술가를 다수 보유하고 있지만, 국내에서는 이들을 안정적으로 수용할 수 있는 공연 공간이 제한적인 상황이다. 5만 석 규모의 공연장은 국가 문화 전략의 하나로서 필연적으로 나아가야 할 방향이다.

그렇다고 새로운 대형 공연시설을 무리하게 추가하자고 제안하는 것이 아니다. 오히려 인천이 이미 보유하고 있는 대형 체육 인프라의 역할 변화에 주목한다. 현재 인천에는 육상과 종합 스포츠 행사를 위한 인천아시아드주경기장, 그리고 축구 전용구장이 존재한다. 여기에 프로야구를 위한 돔구장이 추가될 예정이다. 이러한 시설들이 종합운동장과 스포츠 경기의 기능을 담당하고 있는 만큼, 문학경기장은 기존의 역할에서 일정 부분 벗어나 새로운 활용 가능성을 모색할 수 있는 조건을 갖추게 됐다.

문학 주경기장은 5만 석 내외의 수용 규모를 가진 대형 시설로, 구조적으로 스타디움급 공연을 수용할 수 있는 잠재력을 이미 보유하고 있다. 문제는 시설의 존재 여부가 아니라 그 기능이 여전히 과거의 체육 중심 설계에 머물러 있다는 점이다.

육상·축구 중심의 역할을 다른 시설이 충분히 담당할 수 있는 상황에서, 문학 주경기장은 음향, 무대 설치, 관객 동선,

인천 문학경기장 (출처: 연합뉴스)

야간 운영 등 대형 공연에 필요한 기준을 충족하도록 단계적 리모델링을 검토하거나 전동식 구조로 완전히 새롭게 탄생할 수 있다.

문학야구장의 경우 상황은 더욱 분명하다. 향후 청라돔 개장 이후의 활용 방안은 인천이 반드시 풀어야 할 과제가 됐다. 더 이상 프로야구가 열리지 않는 야구장을 어떻게 활용할 것인가는 선택의 문제가 아니라 도시 운영의 문제다. 이 지점에서 문학야구장을 중대형 공연, 페스티벌, 복합 문화행사를 수용하는 공간으로 전환하는 방안은 매우 현실적인 대안이 된다.

이러한 전환은 현재 문학경기장을 문화의 공간으로 완전히 탈바꿈시킬 수 있다. 앵커시설인 5만 석 규모의 상설 공연장, 산업화가 가능한 테마파크 및 체험존, 생태계를 구성할 수 있는 산업 클러스터 조성, 이 모든 것은 40만㎡인 문학에서 시작해 볼 수 있다.

미국은 '스피어'(Sphere)라는 18,000석의 세계 최고 공연장을 상시적으로 운용하고 있다. 영국은 전설적인 그룹 아바(ABBA) 보야지(Voyage) 공연을 실제 아바 멤버 없이 매년 정기적으로 펼치고 있다. 홀로그램 기술을 이용한 '아바타 공연'이다. 스타는 변해도 지적재산권과 기술은 남듯이, BTS가 없어도 BTS와 언제든 함께할 수 있다.

5만 석 규모의 스타디움급 공연장은 이미 존재하는 시설에 새로운 생명을 불어넣는다. 종합운동장과 야구장의 기능이 구조적으로 재편되는 시점에서 이를 방치할 경우 대형 시설은 도시의 부담으로 남게 된다. 반대로 문화적 활용으로 전환할 경우 공연을 중심으로 체류·관광·소비가 함께 움직이는 자산이 될 수 있다.

이것은 대한민국의 고민이기도 하다. 이재명정부 역시 K-컬처의 지속 가능한 성장을 위해 스타디움급 대형 공연 인프라의 확충을 구조적 과제로 인식하고 있다. 한 번에 5만 명 이상을 수용할 수 있는 공연장이 국내에 사실상 부재한 상황에서, 세계적 위상을 가진 한국 아티스트들이 정작 국내에서는 대규모 공연을 안정적으로 열기 어렵다는 점은 문화 산업 경쟁력 측면에서도 반복적으로 지적돼 왔다.

이에 따라 정부는 문화콘텐츠의 글로벌 확산을 뒷받침하기 위한 핵심 인프라로서 대형 공연장과 복합 문화공간의 확충 및 기존 시설과 부지의 전환 활용을 주요 정책 방향 중 하나로 검토하고 있다. 이러한 정책 기조는 새로운 시설을 무작정 늘리기보다 이미 존재하는 대형 체육시설을 문화 인프라로 전환하는 전략과 맞닿아 있다. 이는 재정 부담을 최소화하면서도 실질적인 성과를 낼 수 있는 현실적인 선택이기 때문이다.

문학경기장을 스타디움급 공연장으로 전환하는 구상은 중앙 정부가 인식하고 있는 대형 공연 인프라의 공백을 지방 정부 차원에서 가장 선제적으로 대응하는 사례가 될 수 있다.

공연이 머무는 도시, 사람이 머무는 인천

공연이 끝나면, 새로운 공연이 시작된다. 5만 석 규모의 상설 공연장은 야외 및 실내의 복합 구조(가변형·전동식 스타디움 개념)

를 적용하여 계절과 날씨, 장르의 제약을 최소화하며, 공간의 활용도를 높인다. K-팝 대형 콘서트뿐 아니라 글로벌 아티스트 투어, 대형 음악 페스티벌, e스포츠 이벤트, 실감형 AI 기반 공연 등 다양한 콘텐츠가 상시적으로 운영된다. 이를 위해서는 3,000석, 15,000석의 공연장을 동시에 운용할 수 있게 설계돼야 한다. 그리고 미디어아트, 팬 참여형 프로그램, 촬영 및 중계 등으로 활용할 수 있게 신기술을 활용해야 한다.

'K-컬처 체험플랫폼'은 체류의 이유가 된다. 이 체험플랫폼은 놀이기구 중심의 전통적 테마파크와 달리 K-콘텐츠 세계관 기반의 체험형 공간으로 설계된다. K-POP, 드라마, 영화, 예능, 웹툰, 게임, 애니메이션, 패션, 뷰티, 푸드, 출판·IP 등 총 11개 한류 산업 분야를 인공지능·확장현실·실감형 기술을 통해 체험 중심으로 재구성한다. 관람객은 단순히 콘텐츠를 소비하는 존재가 아니라, 직접 참여하고 결과물을 생성하는 주체가 된다. 무대 체험, 가상 촬영, 캐릭터·아바타 생성, 숏폼 콘텐츠 제작 등의 경험은 개인의 기록이자 동시에 글로벌 확산을 유도하는 홍보 자산으로 작동한다. 이를 통해 도시 자체가 하나의 미디어플랫폼으로 기능하게 된다.

K-콘텐츠 생태계는 365일 멈추지 않고 문화를 생산한다. 상설 콘텐츠 제작 스튜디오와 AI 콘텐츠 랩은 공연 실황 콘텐츠, 체험 기반 숏폼·예능·웹 콘텐츠, 실험적 파일럿 콘텐츠

메가콘서트 파크	K-POP 체험존
5만 석 반야외 공연장 K-POP, 글로벌 투어, e스포츠, AI 콘서트 공연 없는 날 : 미디어아트·팬 참여 쇼	퍼포먼스·댄스·보컬 체험 AI 보컬코치 / 개인 음역 분석 팬이 만든 리믹스 → 공연장 스크린 연동
드라마, 영화 스토리월드	예능 + e스포츠 인터렉션존
세트 재현 + 인터랙티브 미션 웹툰·드라마 세계관 거리 내가 주인공이 되는 AR·XR 체험	관객 참여형 예능 스튜디오 중형 e스포츠 아레나 AI 코치·리플레이 분석
K-라이프스타일	실감형 AI 콘텐츠 스튜디오
패션 + 뷰티 + 푸드 AI 피부진단·메이크업 K-푸드 스트리트 + 쿠킹 쇼	플랫폼 핵심 볼류메트릭 캡처(3D 인체·공간) 생성형 AI콘텐츠 방문객 콘텐츠 → 즉시 굿즈·숏폼·디지털화

K-컬처 체험플랫폼 예시

가 늘 제작된다. 제작사는 독점 구조를 방지하고 다양한 시도를 통해 콘텐츠와 관련 기업의 참여도를 높인다. 공연과 체험은 디지털 자산으로 기록되고, 하나의 원천 콘텐츠가 다양한 형태로 확장된다. 이를 통해 인천은 한류를 소비하는 도시가 아니라 한류를 생산·축적·수출하는 산업플랫폼으로 기능하게 된다.

이를 위해 문학 스타디움을 중심으로 하는 'K-콘텐츠 클러스터' 조성이 필요하다. 'K-콘텐츠 클러스터'는 문학 스타디움, K-문화 박물관·도서관·미술관 등 공공 문화시설, K-콘텐츠 기업 등 세 가지 축으로 구성된다.

'공연이 머무는 도시'란 공연장의 숫자가 많은 도시가 아니다. 변화하는 도시 여건 속에서 기존 공연장의 역할을 재정의하고, 그 공간에 새로운 시간을 채워 넣는 도시다.

문학 주경기장과 야구장의 리모델링은 바로 그 재정의를 통해 인천을 K-컬처가 머물고 출발하는 도시로 전환하는 현실적인 선택이다. 이는 문화정책의 두 번째 원칙인 일회성 소비를 넘어 반복적인 방문과 체류를 만드는 구조를 가장 직접적으로 구현하는 방식이기도 하다.

마이스와 결합한 문화

오늘날 문화는 공연과 축제, e스포츠 대회 같은 대중적 경험뿐 아니라 국제회의와 전시, 박람회와 포럼을 통해서도 확산된다. 글로벌 도시일수록 문화와 산업, 비즈니스와 교류의 경계는 흐려지고 있으며, 하나의 도시 안에서 공연과 회의, 전시와 체험이 동시에 이루어지는 구조이다. 문화가 머물고 확산되기 위해서는 대중문화와 마이스(MICE : 회의, 관광, 컨벤션, 전시회) 산업이 함께 작동하는 기반이 필요해진 것이다.

미래 인천의 신성장동력이 될 바이오 산업을 홍보하는 장으로 '인천바이오엑스포' 개최를 준비해야 한다. 이제 '부국제'라고 하면 많은 국민들이 '부산국제영화제'로 인지한다. 왜 부산에서 영화제를 여는지에 대한 의문은 사라지고, 이제 부국제는 문화가 됐다. 이와 유사한 외국의 축제도 있다. 세계 최대 규모의 바이오 전시회인 '바이오 유에스에이'(BIO USA), 독일 뒤셀도르프에서 열리는 의료기기, 의료기술 전시회인 '메디카'(MEDICA)가 그것이다. 인천의 역량으로 충분히 가능하다.

이미 송도컨벤시아를 중심으로 송도 지역은 국제회의와 전시, 글로벌 비즈니스 행사가 지속적으로 열리는 공간으로 성장해 왔다. 실제로 인천은 국내에서 서울 다음으로 많은 국제회의를 개최하는 도시로 자리 잡았으며, 이는 인천이 단순한 배후 도시가 아니라 독자적인 국제 교류 기반을 갖고 있음을 보여준다.

그러나 서울의 코엑스와 같은 성숙한 마이스 산업 중심지와 비교해볼 때 인천이 보완해야 할 지점 역시 분명하다.

첫째, 전시·컨벤션 시설의 규모와 가동률 측면에서 이미 한계가 드러나고 있다. 대형 국제행사와 복합 전시를 동시에 수용하기에는 공간이 빠르게 포화됐으며, 이로 인해 유치 가능한 행사 규모와 종류에 제약이 생기고 있으므로 송도컨벤시아의 3단계 증축을 서둘러야 한다.

둘째, 국제회의 참가자의 체류 경험을 뒷받침하는 도시적 환경이 아직 충분히 응집되어 있지 않다. 회의가 끝난 이후 자연스럽게 이어질 수 있는 공연, 전시, 야간 문화, 도시 체험 프로그램이 분산돼 마이스 참가자가 인천의 도시 전체를 경험하기보다 개별 행사에만 머무르는 경우가 많다. 이는 체류 기간과 재방문으로 이어질 수 있는 기회를 놓치는 구조다. 따라서 이를 보완하기 위한 교통망 확충이 필요하다.

셋째, 국제회의와 전시를 지속 유치·운영할 수 있는 전문 인력과 도시 차원의 통합 기획 역량 역시 강화가 필요하다. 코엑스 일대가 수십 년에 걸쳐 축적해온 것은 단순한 시설이 아니라 행사 기획과 운영, 민관 협력, 글로벌 네트워크가 결합된 도시 차원의 노하우였다. 인천 역시 개별 행사를 넘어 도시 전체가 하나의 마이스플랫폼으로 작동할 수 있는 체계를 구축해야 한다.

향후 인천바이오과학기술연구원이 설립되고, 관련 기업과 연구소 등이 집적화되면 시너지는 크게 발생할 수 있다. 여기에 바이오, 피지컬 AI 등의 산업 엑스포 공간으로 활용해 K-콘텐츠 산업을 동시에 홍보할 필요가 있다.

대형 공연과 국제회의, 전시와 박람회가 시간적으로 공간적으로 연계될 때 도시는 단순한 행사 개최지를 넘어 '머무는 목적지'가 된다. 국제회의 참가자가 공연과 문화 프로그램을 통해 도시의 감각을 경험하고, 공연 관객이 전시와 국제행사를 통해 인천의 산업과 기술을 접할 수 있을 때, 문화와 마이스는 서로의 가치를 증폭시키는 관계가 된다.

이러한 결합이 현실성을 갖기 위해서는 물리적 연결성이 뒷받침되어야 한다. 이 점에서 인천은 분명한 강점을 갖고 있다. 문학경기장 일대의 대형 공연 인프라와 송도 마이스 지구는 이미 인천지하철 1호선을 통해 하나의 축으로 연결되어 이동할 수 있다. 게다가 향후 GTX-B 노선, 경인고속도로 확장 등이 예정되어 있다. 무엇보다 문학경기장은 매년 80회의 대규모 야구관객을 수용한 노하우가 있다. 이는 공연 관람객과 국제회의 참가자가 동일한 날, 동일한 도시 안에서 서로 다른 문화 경험을 자연스럽게 이어갈 수 있는 현실적인 조건을 갖췄음을 의미한다.

GTX-B 노선이 본격화할 경우 인천의 공간 구조는 한 단계 더 확장된다. 송도와 문학경기장 일대, 나아가 서울 도심과 수도권 주요 거점까지의 접근성이 획기적으로 개선되면서, 대형 공연과 국제회의를 하루 또는 이틀 일정으로 결합한 도시 프로그램 구성도 가능해진다. 이는 인천이 단일 시설 중심의 도시가 아니라 수도권 전체를 아우르는 국제문화의 거점으로 기능할 수 있음을 의미한다.

이것은 상상이 아니라 이미 계획된 다가올 미래다. 공연과 마이스를 연결하는 전략은 교통망 위에 추가 비용을 얹는 방식이 아니라 기존 교통 인프라의 문화적 활용도를 높이는 방향으로 설계될 수 있다. 이는 도시 운영 측면에서도 재정적·행정적 부담을 최소화하면서 효과를 극대화하는 선택이다.

문학경기장 일대의 대형 공연 인프라와 송도 마이스 지구가 하나의 흐름으로 연결될 때 인천은 복수의 중심을 가진 국제문화도시로 작동하게 된다. 낮에는 국제회의와 전시가 열리고, 저녁에는 대형 공연과 문화 프로그램이 이어지며, 참가자와 관객은 같은 도시 안에서 자연스럽게 이동하고 체류한다. 공연은 감각을 열고, 마이스는 관계와 산업을 남기며, 교통은 이 둘을 하나의 도시 경험으로 묶을 수 있다.

공연과 국제회의, 전시와 도시 문화가 함께 작동할 때 인천은 서울의 보조 거점이 아니라 또 하나의 국제 교류 중심지로 도약할 수 있다. K-컬처의 출항지이자 세계의 사람들이 머물며 연결되는 문화도시 인천의 가까운 미래 모습이다.

문학 스타디움이 제물포와 강화도로 연결되다

사람이 모이면 서사가 만들어진다. 대형 공연과 국제회의, 전시와 박람회는 도시로 사람을 불러들이는 강력한 계기다. 그러나 문화정책이 추구하는 방향이 단순한 사람의 유입에서 멈출 경우 도시는 단지 통과의 공간으로 남게 된다.

인천이 지향해야 할 다음 단계는 공연과 마이스를 통해 유입된 외부의 사람들이 원도심으로 이동해 인천의 시간과 이야기를 경험하고, 그 기억을 안고 돌아가도록 만드는 환류 구조다.

인천 원도심은 이 역할을 맡기에 가장 밀도 높은 역사적 자산을 갖고 있다. 개항 이후 형성된 인천 개항장 일대는 외국 문물과 자본, 사람이 처음으로 들어와 조선 사회와 충돌하고 섞였던 공간이다. 개항장은 단순한 근대 유적지가 아니라 오늘날 한국 사회가 형성된 출발점 중 하나로 해석될 수 있는 장소다.

이러한 공간이 현재의 도시 동선과 충분히 연결되지 못

2024년 8월, KSPO돔 전당대회에서 노래하는 박찬대

하고 있다는 점이 문제의 핵심이다. 원도심을 하나의 거대한 박물관이나 보존 구역으로 고립시키는 방식이 아니라 살아 있는 문화 동선으로 재구성하는 문화 전략이 필요한 때다.

예를 들어 중구·동구 일대의 개항기 건축물과 거리, 차이나타운의 이주사와 생활문화, 자유공원과 항만이 만들어 낸 도시 경관은 각각 분절된 관광지가 아니라 하나의 이야기 흐름으로 엮어낼 수 있다. 외부 방문객이 '관광지 몇 곳'을 찍고 돌아가는 것이 아니라 도시의 시간 속을 걸어 다니도록 만드는 방식이다.

여기에 최근 전 세계적으로 주목받고 있는 한국 음식문

화의 흐름을 결합하면 어떨까? 예컨대 넷플릭스의 〈흑백요리사〉를 참고해 '흑백요리사 학교'를 운영하는 등 문화 콘텐츠로 개발하는 방식이다.

넷플릭스의 〈흑백요리사〉 시리즈를 통해 세계의 시청자들은 한국의 식문화가 더 이상 '한식'이라는 단일 범주에 머물지 않는다는 점을 목격했다. 한국적 감각을 바탕으로 중식, 일식, 양식의 조리법과 재료, 서사가 결합되고, 서로 다른 전통이 하나의 요리 언어로 재해석되는 과정 자체가 K-콘텐츠로 소비되고 있다. 음식은 특정 국가의 전통을 보여주는 대상이 아니라 교류와 혼합의 역사를 담아내는 이야기로 인식되기 시작한 것이다.

이러한 변화는 개항장과 차이나타운을 함께 지닌 인천의 원도심이 가장 설득력 있게 보여줄 수 있다. 개항 이후 외래문화와 음식이 가장 먼저 유입되고, 이주와 교류 속에서 중식과 한식, 서구식 식문화가 생활 속에서 자연스럽게 섞여온 공간이기 때문이다. 인천은 한국 식문화가 어떻게 외부의 영향을 받아 자신만의 방식으로 변주되어 왔는지를 공간 자체로 설명할 수 있는 도시다.

개항장과 차이나타운 일대는 바로 이 '결합의 식문화'를 현재의 언어로 재해석하고 세계에 보여줄 수 있는 최적의 무대가 될 수 있다. 이 지역에 최상급 요리 교육과 연구

기능을 갖춘 전문요리사들을 위한 학교를 세우고, 실험적인 음식 콘텐츠가 자연스럽게 결합하게 하는 방안도 함께 검토할 수 있다.

프랑스의 '르 꼬르동 블루'(Le Cordon Bleu)가 단순한 요리학교를 넘어 음식문화의 상징으로 작동해온 것처럼, 한국 음식의 깊이와 현대적 해석을 함께 가르치는 상급 푸드 교육기관을 설립할 수 있다. 이는 단기 관광을 넘어 장기 체류와 인재 유입, 음식 산업의 고도화로 이어지는 기반이 된다.

근현대사의 층위 역시 인천만의 중요한 자산이다. 한국전쟁의 흐름을 바꾼 인천상륙작전은 특정 사건을 넘어 냉전과 분단, 국제질서 속에서 한국이 놓였던 위치를 설명하는 이야기로 확장될 수 있다. 인천상륙작전기념관, 항만과 주변 도시 공간은 전쟁사와 외교사, 국제정치의 맥락 속에서 재해석될 때 해외 방문객에게도 설득력을 갖는다. 여기에 이민사박물관을 중심으로 한 이주와 디아스포라의 이야기는 오늘날 글로벌 이동의 시대와 자연스럽게 연결된다.

중요한 것은 이러한 이야기들이 단절된 전시나 설명으로 소비되지 않도록 만드는 것이다. 공연과 국제회의가 열리는 일정에 맞춰 원도심에서 역사·문화 프로그램이 연동되고, 야간에도 체험 가능한 문화 동선이 작동할 때 방문객의 이동은 자연스럽게 발생한다. 낮에는 송도에서 회의와 전시를 경험하고, 저녁에는 원도심에서 인천의 시간을 만나는 구조다. 이는 교통과 일정, 콘텐츠가 함께 설계될 때 가능한 방식이다. 앞서 설명했듯이, 강화도 유네스코와 한옥호텔, 제물포 주변의 근대화 유산, K-푸드 문화와 결합한 테마 관광지 등을 통해 인천을 매력적인 도시로 만드는 것이다.

이 과정에서 인천 시민의 일상과 자연스럽게 연결되어야 한다. 원도심의 상권과 생활 공간, 지역 주민이 참여하는 문화 프로그램은 외부 방문객에게 인천을 '구경하는 도시'가 아니라 '함께 머무는 도시'로 인식하게 만든다. 문화는 전시물에 갇히지 않고 시장과 골목, 항만과 공원 속에서 살아 움직인다. 이때 인천의 원도심은 과거를 보존하는 공간이 아니라 현재의 삶 위에서 과거를 해석하는 무대가 된다.

공연과 마이스를 통해 유입된 사람이 원도심의 역사와 스토리를 경험하고, 그 기억을 세계로 가져갈 때 인천의 시간은 비로소 세계의 이야기가 된다. 이것이 인천 원도심이 다시 서사의 중심이 되는 방식이다.

교통으로 완성되는 K-컬처 인천

인천의 문화 전략이 실질적으로 작동할 수 있는지 여부는 교통에 달려 있다. 아무리 좋은 명산도 찾아가기 어려우면 한 번은 가더라도 두 번은 가기 어렵다. 문제는 인천의 교통 구조가 서울 서부를 향한 접근성 위주로 형성되어 왔다는 점이다. 그래서 인천의 교통은 가장 빠르게, 가장 적은 환승으로 서울에 접근하는 것이었다. 하지만 공연장과 콘텐츠를 중심축으로 둔다면 인천공항에서 문학으로, 서울에서 문학으로, 지방에서 문학으로 등 다양한 방법으로 인천에 접근하게 된다.

우리의 교통 해법은 서울 접근성이 아니라 인천 접근성으로 바뀌어야 한다. 문학경기장 주변은 늘 막힌다. 왜냐하면 해당 도로는 인근 도심 도로망과 연결되어 있고, 야구 경기나 대형 공연, 이벤트가 있을 때는 도로 정체가 매우 심각해질 수밖에 없다. 이런 문제를 개선하기 위해 인천시는 문학나들목과 가좌나들목 구간을 지하도로로 개선하는 사업을 추진 중이다. 게다가 인천대로(옛 경인고속도로)의 지하도로 건설사업이 예비타당성조사를 최종 통과함에 따라 해당 지역의 교통혼잡은 빠르게 해소될 전망이다.

그래도 인천시는 미리 준비해야 한다. 만약 5만 석 규모의 공연장과 K-콘텐츠 문화시설이 생긴다면 계획된 교통 건설사업도 빠르게 추진될 수 있다. 인천 자체적으로 인천공항에서 문학경기장까지 1시간 내에 바로 올 수 있도록 셔틀버스를 운영하고 인천시청과 문학경기장의 이동을 편리하게 만

야구팬들과 박찬대

들어야 한다. 아무리 공연과 콘텐츠가 뛰어나도 접근하기 불편하다면 지속되기 어렵다. 그리고 모두 연결해야 한다. 시티투어버스를 통해 문학 스타디움에서 제물포 원도심, 강화도 유적지까지 1일 패스로 주요 문화시설을 돌아다닐 수 있어야 한다.

공연장, 콘텐츠, 사람, 산업, 교통. 이 모든 요인이 함께 어우러져 인천에서 만들어진 문화가 전 세계로 유통되고, 인천이 통과의 도시를 넘어 머물고 이동하고 기억되는 도시로 전환되기를 기대한다. 만약 기회가 주어진다면, 나도 모두가 연결되고 소통하며 함께 어우러지는 이 공연장에서, 뮤지컬 '영웅'의 주제가를 다시 한번 불러보고 싶다.

8

AI가 현실이 되는 도시

물류도시 인천,

항공 MRO 그 이상이 필요하다

인천은 세계적인 공항과 한국 최고의 항만을 동시에 보유한 한국 유일의 물류 거점 도시이다. 한국의 기술과 산업, 문화에 대한 국제적 관심이 높아지면서, 이를 뒷받침하는 물류는 핵심적인 산업 분야로 성장하고 있다. 특히 세계 물류와 항공 서비스의 급속한 확장으로 항공기 제작 및 항공 MRO(유지·보수·운영) 산업이 매우 중요한 '황금 거위' 산업으로 주목받고 있다.

미국 시장조사기관 글로벌 마켓 인사이트(Global Market Insights)에 따르면, 세계 항공 MRO 시장은 코로나19 이후 항공 여행 수요 회복과 비행기 수 증가로 인해 2024년~2034년까지 연평균 4.7%씩 성장하며, 시장 규모는 2024년 865억 달러(약 115조 원)에서 2034년에는 1,355억 달러(약 180조 원)에 이를 것으로 전망했다. 더 중요한 점은 아시아·태평양 지역이 현재 세계 MRO 시장의 약 32.5%를 차지하며, 2034년까지 그 성장세를 주도할 것이란 전망이다. 한국 경제와 문화의 위상이 날로 높아지고 있는 상황에서 최고의 공항과 항만을 보유한 인천으로서는 매우 반가운 전망이다.

하지만 인천은 아직 세계 항공 MRO 시장의 변방에 머물고 있다. 국제항공운송협회(IATA)와 항공기 제작사들은 향후 20년간 항공기 수요가 4만 대를 초과할 것으로 전망하지만, 국내 MRO 역량은 여전히 취약하다. 국내 항공사의 정비 물량 중의 54%가 해외에 의존하고 있다는 현실은 연간 1조 원 이상의 외화가 유출되고 있음을 의미한다.

2023년 기준 국내 항공제조업 매출 7조 5,509억 원 중 인천의 비중은 947억 원으로 1.3% 수준에 불과하다. 세계적인 인천공항 인프라가 있음에도 MRO 기반이 취약하기 때문이다.

인천은 MRO 산업 육성에 유리한 조건을 가지고 있다.

2024년 인천국제공항은 국제선 여객 7,066만 명으로 세계 3위, 화물 295만 톤으로 세계 6위를 기록하며 글로벌 핵심 허브 공항의 위상을 재확인했다. 이는 세계의 많은 항공사가 인천국제공항을 MRO 거점으로 활용할 수 있음을 뜻한다. 더욱이 인천은 안정적인 부품 공급망을 확보할 수 있는 15개의 산업단지를 보유하고 있어 MRO 산업생태계를 빠르게 구축할 여건을 갖추고 있다.

정부는 '제3차 항공산업발전기본계획(2021~2030)'을 통해 지역별 항공 MRO 특화 계획을 발표했다. 인천공항은 항공기 개조, 엔진 정비 분야를, 경남 사천은 기체 중정비와 군수 중심의 클러스터로 육성한다는 계획이다. 목표는 기존 국내 MRO 산업을 기체 정비 위주의 저부가가치 산업에서 고부가가치 기술집약형 산업으로 전환하는 것이다. 그래야 국내 MRO 수요를 해외로 보내지 않고, 해외 항공기가 한국 MRO를 찾을 수 있기 때문이다.

인천국제공항공사는 여객에 이어 항공 MRO에서도 아시아 최고의 허브 공항이 되고 10년 내 세계 5대 'MRO클러스터'로 도약하기 위해 '첨단복합항공단지'를 조성하고 있다. 이 단지는 총 3단계에 걸쳐 230만㎡ 규모로 조성되며, 1단계로 이스라엘 국영기업 이스라엘항공우주산업(IAI·Israel Aerospace Industries)사의 정비 시설이 2025년 말에 가동을 시작했고, 2단계로 아틀라스항공의 정비시설이 2026년 입주할 예정이다. 단지 조성이 완료되면, 향후 10년간 10조 원 규모의 생산 유발 효과와 5,000개 이상의 일자리 창출이 기대된다.

한국이 MRO 분야에서 글로벌 기업을 빠르게 추격하기 위해서는 대한항공의 MRO 사업 진출 성공이 중요하다. 대한항공은 항공 MRO 사업을 핵심 신성장동력으로 결정하고, 엔진 정비 및 기체 중정비 투자와 역량 강화에 나섰다. MRO 사업의 핵심은 엔진 정비 역량인데, 대한항공은 2027년 말 준공을 목표로 2024년부터 영종도 운북 지구에 아시아 최대 규모의 '엔진정비클러스터'를 조성 중이다. 완공 시 연간 300대 이상의 엔진을 정비할 수 있다.

대한항공을 필두로 한국 기업이 아시아·태평양 지역의 항공 MRO 산업의 중심으로 올라서기 위해서는 차세대 엔진 정비 역량 확보를 포함한 기술력 강화에 공격적인 투자가 필요하다. 당연히 디지털 정비와 AI 기술의 접목도 서둘러야 한다. 인천 산단과 협력하여 안정적인 부품 공급망도 구축해야 한다. 그리고 인하대를 중심으로 R&D와 인재 육성 체계도 구축해야 한다.

현재 추진 중인 계획이 속도를 낼 수 있도록 정부와 인천시 역시 지원과 투자를 아끼지 않아야 한다. 특히 정부는 인천과 사천의 소모적인 경쟁을 유발하기보다 역할을 분담하여 상생과 협력 관계 속에서 빠르게 성장할 수 있도록 전략적 지원을 해야 할 것이다.

정부 기본계획에 대한 경남과 사천시, 그리고 인천의 자세는 매우 다르다. 특히 경남과 사천시의 대응은 주목할 만하다. 사천시는 우주항공·투자 유치 산단·지역 경제·정보통신 4개 과로 구성된 우주항공국을 설치하고, 2024년에만 시예산 267억 원을 편성했다. 경남 지역 정치권은 2025년 대선에서 국내 항공 MRO 산업을 사천으로 몰아줄 것을 강력하게 요구했으며, 11월에는 이를 위한 '항공종합정비업발전법'을 발의했다.

반면 인천시의 대응은 소극적이었다. 2024년 총예산 15조 368억 원 중 107억 원 편성에 그쳤다. 인천시는 이런 비판을 의식한 듯 '2025~2029 항공산업 육성 기본계획'을 발표했지만, MRO 관련 계획은 국토부와 인천국제공항공사가 진행하는 계획을 거의 그대로 옮겨놓은 수준이다. 정작 인천시가 가진 역량과 조건을 활용해 관련 생태계를 조성하고 강화하려는 계획을 찾기 어렵다. 인천시는 좀 더 적극적으로 MRO생태계 조성 지원을 위한 행정 지원을 강화해야 하며, 관련 예산도 확대해야 한다. 또한 인천연구원, 인하대, 인천대, 대한항공 등과 함께 항공 MRO 산업을 빠르게 육성하기

2025년 2월, 토론하는 중 기록하는 박찬대

위한 실질적이고 권한 있는 거버넌스를 구축하고, R&D 부품 공급망을 포함한 MRO생태계 구축과 투자환경을 효능감 있게 조성해야 한다.

그러나 항공 MRO만으론 세계적인 물류도시 인천의 장점을 활용한 먹거리 창출로는 부족하다. 항공과 항만을 동시에 갖고 있는 인천의 장점과 AI를 결합한 새로운 먹거리를 만들 수는 없을까?

자율주행-로봇-물류-항만으로 연결되는
AI 생태계

우리는 지금 디지털 전환의 다음 단계를 맞이하고 있다. 데이터를 분석하고 예측하는 디지털 AI를 넘어, 현실 세계에서 스스로 인식하고 판단하며 행동하는 피지컬 AI가 산업과 일상 전반을 재편하고 있다. 그리고 이 전환을 주도하는 가장 핵심적인 산업이자 플랫폼이 자율주행이다. 차량, 도로, 신호체계, 항만, 물류, 에너지 인프라가 하나의 지능형 시스템으로 연결될 때, 자율주행은 단순한 이동수단이 아니라 도시와 산업 전체를 움직이는 운영체제가 된다.

그런데 바로 이 '다음 단계'로 넘어가는 전환점에서, 인천의 산업과 혁신생태계는 뚜렷한 도전에 직면해 있다.

AI의 핵심은 데이터고, 데이터는 R&D 시설·산업단지와 같은 물리적 공간에서 생성되고 축적된다. 인천은 공항, 항만, 산업단지, 신도시라는 대한민국 어느 도시보다 높은 수준의 물리 인프라를 갖추고 있어 AI 산업 육성에 매우 유리한 환경을 갖추고 있다.

하지만, 인천은 이 자산을 AI 기반의 신산업과 성장 엔진으로 전환하는 데 한계를 보여 왔다.

한계점은 크게 세 가지로 정리할 수 있다.

첫째, 인천의 경제 규모는 2024년 현재 지역내총생산(GRDP) 125조 원을 기록할 정도로 커지고 있지만, 고부가가치의 첨단기술 기반 혁신 산업으로의 전환이나 차세대 기술 산업의 집적화 등 질적 전환은 아직 부족하다.

둘째, 기술 창업과 고급 인재가 서울·판교로 흡수되는 구조 속에서, 인천은 '생산·물류는 인천, 혁신은 외부'라는 뼈 아픈 자원 유출을 경험해 왔다.

셋째, 무엇보다 AI, 자율주행, 로봇과 같은 피지컬 AI 기술은 연구실이나 제한된 구간 실증만으로는 성숙할 수 없다. 도시와 산업 전체를 아우르는 대규모 실제 환경 데이터가 필수적이다. 그런데도 지금까지 한국의 정책, 규제, 예산 구조는 대체로 제한적 실증에 머물렀고, 도시·산업 단위의 종합 실증을 체계적으로 뒷받침하지 못했다. 이 구조를 바꾸지 못하면 인천은 대한민국 최고 물리 인프라만 가졌을 뿐 '차세대 산업의 2선 도시'에 머물 가능성이 높다.

글로벌 AI 투자의 중심은 '소프트웨어의 지능'에서 '현실 세계를 움직이는 지능'으로 이동하고 있다. AI가 물리 세계로 들어오는 순간이 곧 산업 재편의 순간이며, 인천이 새로운 게임 규칙 형성에 참여할 기회다. 시장 데이터는 이 기회의 크기를 숫자로 보여준다.

자율주행차 시장은 연평균 성장률 약 19.9%로 매년 비약적으로 성장할 것으로 예측된다. 2024년 약 680억 달러(약 98조 9,200억 원) 수준에서 2030년이면 2,143억 달러(약 311조 7,422억 원)로 커질 전망이다. 자율주행이 본격적으로 상용화된다면 승용차 부문에서만 2035년 3,000억~4,000억 달러 규모의 신규 수익원을 만들 수 있다는 분석도 있다.

스마트항만(Smart Port) 시장 역시 2030년까지 고성장이 전망된다. 자율주행과 함께 움직이는 물류 자동화 부분의 창고 자동화(Warehouse Automation) 시장도 만만치 않다. 2023년 약 192억 달러(약 27조 9,264억 원)에서 2030년 595억 달러(약 86조 5,430억 원)로 세 배 이상 성장할 것이라는 전망이다. 피지컬 AI의 중요한 축인 AI 로봇 시장도 2025년 61억 달러(약 8조 8,760억 원)에서 2030년 334억 달러(약 48조 5,870억 원)로 빠르게 성장할 것으로 추정된다.

'자율주행-로봇-물류-항만 자동화'는 따로 움직이는 시장이 아니라, 하나의 연결된 산업 파도(Industrial Waves)다. 자율주행은 도로 위에서만 끝나지 않고, 항만과 물류, 산업 현장과 도시 운영으로 확장되기 때문에 '어떤 도시가 이 산업 파도와 종합생태계를 먼저 실증하느냐'가 국가 경쟁력을 좌우할 것이다.

AI 자율주행차 (출처: 셔터스톡)

　글로벌 선도도시들은 이미 '대규모 실증'을 최우선 전략 순위로 두고 있다. 싱가포르는 투아스(Tuas) 메가포트 전략을 통해 2040년대까지 연간 6,500만 TEU(길이 20피트 컨테이너 1개)를 처리하는 세계 최대 규모의 완전 자동화 항만을 구축 중이다. 미국의 웨이모(Waymo)는 2025년에만 1,400만 회 이상의 탑승 서비스를 제공하며 자율주행을 실험이 아닌 도시 규모의 운영 단계로 끌어올렸다. 이러한 사례들이 주는 메시지는 명확하다. 기술을 단순히 '연구'하는 도시가 아닌, 기술을 실제 시민의 삶과 산업 현장에서 '운영'하는 도시가 미래 시장을 선점한다는 것이다.

　뒤에서 구체적으로 다시 얘기하겠지만 인천공항과 인천

항을 품고 있는 인천이야말로 자율주행·로봇·물류·항만으로 연결되는 AI 생태계를 종합적으로 실증할 수 있는 최적의 도시라는 기대를 부풀게 한다.

물론 AI·자율주행·로봇을 논의할 때 고용 이슈는 피할 수 없다. 그러나 핵심은 '일자리가 줄어드느냐'가 아니라, '새로운 역할과 직무가 얼마나 빠르게 만들어지고, 그 전환을 누가 주도하느냐'다. 세계경제포럼(WEF)은 2025~2030년 동안 세계 노동시장에서 1억 7,000만 개의 신규 일자리 창출과 9,200만 개의 일자리 소멸이 더해져 결과적으로 7,800만 개의 고용 증가를 전망했다. 이는 기술 변화가 곧 '고용 붕괴'가 아니며 산업·정책·교육·실증 설계에 따라 그 결과가 달라진다는 것을 의미한다.

자율주행과 피지컬 AI 영역은 특히 '현장 운영'이 핵심이기 때문에 새로운 직무가 구조적으로 발생할 수밖에 없다. 예를 들어 원격 운영·관제, 안전 모니터링과 인증, 시뮬레이션 운영, 지도·데이터 파이프라인, 엣지 컴퓨팅(데이터가 생성되는 현장 근처에서 데이터를 즉시 처리 및 분석하는 분산형 컴퓨팅 방식) 운영, 센서·로봇·차량 유지·보수 및 현장 통합처럼, 현장 기반의 괜찮은 숙련 일자리가 함께 만들어진다. 따라서 중요한 질문은 '이 일자리가 서울·판교에 만들어지게 둘 것인가, 아니면 인천의 산업·물류·항만 현장에 붙어 있는 실증 기반 일자리로 만들 것인가'이다.

인천형 물류 AI·피지컬 AI 통합시스템

자율주행-로봇-물류-항만을 연결하는 AI 생태계 구축의 비전은 물류 AI 플랫폼과 피지컬 AI를 통합한 '인천형 물류 AI·피지컬 AI 통합시스템' 구축이다. 이미 세계 시장에서는 다양한 물류 AI 모델이 영향력을 확대하고 있으며, 물류 AI 플랫폼과 피지컬 AI가 결합한 통합시스템도 나오기 시작했다.

우리나라만 보더라도 AI와 사물인터넷(IoT)을 활용하여 글로벌 물류 전 영역을 통합 운영하는 플랫폼인 삼성SDS '첼로 스퀘어'와 AI 물류 수요 예측 시스템인 네이버의 '클로바 포캐스트' 등이 있다. CJ대한통운은 클로바 포캐스트에 기반해서 물류 처리 계획을 최적화하여 운영 효율을 향상시켰다. 현대글로비스는 전통적인 물류 비즈니스에 로봇 및 AI를 접목하여 자율주행, 스마트물류 시스템을 운영 중이다.

해외 사례는 더 놀랍고, 더 많다. 퍼스트마일 물류의 속도(생산지[공장]나 공급업체에서 상품이 출하되어 첫 번째 물류 거점[창고, 풀필먼트 센터, 유통 허브]으로 이동하기까지 걸리는 시간과 그 효율성을 의미. 이는 전체 물류 프로세스의 시작점으로, 이곳에서의 처리 속도가 빠를수록 전체적인 배송 시간 단축과 재고 관리 효율성에 결정적인 영향을 미침)에 초점을 맞춘 세계 최대 규모의 컨테이너 선사 및 물류 기업인 덴마크의 '머스크'(Maersk)가 대표적이다. 또한 라스트마일 경로 최적화와 AI 기반 소화물 분류 로봇을 도입해 물류창고 내 작업을 자동화한 DHL, 수요 예측부터 최종 배송까지의 전 과정을 자동화하고 최적화하는 AI 기반 통합 시스템인 공급망 인공지능(Supply Chain AI)과 자율이동로봇(AMR)을 사용하여 재고를 실시간으로 파악하고 상품 배치 효율을 극대화한 월마트(Walmart) 등도 물류와 AI 통합시스템의 사례들이다.

인천 글로벌 물류 AX 플랫폼
(ILAP: Incheon Logistics AX Platform)

인천형 물류·피지컬 AX 통합시스템을 구축하기 위해서는 크게 두 가지가 필요하다. 하나는 물류 AX 플랫폼이고, 다른 하나는 피지컬 AI 플랫폼과 기술이다.

첫 번째로 항만·공항·배후단지를 묶는 '인천 글로벌 물류 AX 플랫폼'(ILAP: Incheon Logistics AX Platform)이 필요하다. 삼성SDS의 첼로 스퀘어 같이 견적 조회·예약·운송·실시간 위치 추적·항구 혼잡도·이상 상황 실시간 모니터링·정산에서 물류비 리포트·탄소배출량 등을 한 번에 처리할 수 있는 데이터 기반 물류 운영 OS 성격의 물류 AI 플랫폼이어야 한다. 또한 OS와 Physical을 연결하는 현대글로비스, CJ대한통운과 같은 물류기업의 자동화시설이 함께 연계되어야 한다. 그리고 이 물류 AI 플랫폼은 인천항-인천국제공항-배후물류단지-중고차 수출단지-도심 물류 거점 등이 하나의 네트워크로 작동하는 '도시 단위의 개방형 플랫폼'이어야 한다.

인천이 글로벌 물류도시 경쟁력을 갖추기 위해서는 '인천 글로벌 물류 AX 플랫폼' 개발을 더욱 서둘러야 한다. 단적으로 인천과 경쟁하는 싱가포르의 'PSA 투아스 항만'(PSA Tuas Port)은 자동화·실시간 데이터 통합·플랫폼 기반 운영으로 물류 흐름의 가시성과 효율을 극대화하는 스마트항만 전략을 실행중이다. 지능형 물류창고 교환 플랫폼(Intelligent Warehouse eXchange, iWX)을 통해 운영 데이터를 분석하고 실시간 이동 상황을 파악해 물류 흐름의 투명성을 높이며, 무인 자동 운송 차량(AGV)·무인 지능형 크레인·전기 트럭 등 무인 운송과 자동화 장비 등 AI 기반 운영 시스템을 활용하는 스마트항만을 구축 중이다.

인천도 공공 부문이 규칙과 데이터 인프라를 설계하고, 민간 부문이 서비스와 혁신을 경쟁하는 개방형 생태계를 지

향하는 개방형 물류 AI 플랫폼, '인천 글로벌 물류 AX 플랫
폼'을 개발하고, 여기에 '물류 피지컬 AI 통합시스템'을 결합
시켜 명실상부한 '인천형 물류 피지컬 AI 통합시스템'을 구
축해야 한다.

인천 물류 피지컬 AI 통합시스템

'인천 글로벌 물류 AX 플랫폼'이 '두뇌'라면, '인천 물류 피지
컬 AI 통합시스템'은 인천의 항만·공항·창고·도로 위에서 실
제로 움직이는 손과 발이다. 인천 물류 피지컬 AI 통합시스템
은 자율주행 트럭과 셔틀, 항만 야드트랙터와 크레인, 창고 내
AGV·로봇팔, 주차·셔틀 로봇 등 다양한 피지컬 AI 자산을 하
나의 지능형 네트워크로 통합하는 것을 의미한다.

　최근 국제사회에서 '물리 인터넷'(Physical Internet)에 대
한 논의가 활발하다. 물리 인터넷은 물류를 데이터 인터넷처
럼 개방형 네트워크·표준화된 단위·공유 인프라를 통해 운영
하는 개념으로, 물리·디지털·운영이 표준화된 인터페이스와
프로토콜로 연결된 개방형 물류 시스템이다. 인천 물류 피지
컬 AI 통합시스템은 이 물리 인터넷 개념을 도시·항만 스케
일에서 구현하는 선도 모델로, 세계 항만과 물류도시의 선망

인천신항 컨테이너 터미널 (출처: 연합뉴스)

이 될 수 있다.

이를 위해 인천은 '항만·공항·배후단지·도심 물류의 통합 제어센터', '자율주행·로봇·창고 자동화의 표준 모듈화', '디지털 트윈과 시뮬레이션 기반 운영 최적화' 등 도시형 피지컬 AI 통합 아키텍처를 구축해야 한다. 피지컬 AI 통합시스템은 물류 현장 인력 전환과 운영 전문 직무 창출이 따라와야 한다. 피지컬 AI 통합시스템은 단순 자동화를 넘어선 시스템이기 때문에 원격 관제·시뮬레이션 운영·안전 모니터링·데이터 파이프라인 운영 및 센서·로봇·차량 MRO 등 새로운 고숙련 일자리를 구조적으로 창출한다. 인천시는 이를 뒷받침할 수 있는 교육과 훈련 프로그램을 제공해야 할 것이다.

인천시는 이미 충분한 교육 인프라를 갖추고 있다. 인하대, 인천대, 인하공업전문대, 인천국제물류고등학교 등 물류 전문 교육기관이 고루 포진되어 있어, 전국 어느 도시에서도 보기 드문 유기적 물류 교육 생태계를 형성하고 있다. 특히 인하대학교는 2025년부터 물류 AX 실증센터를 통해 민·관·연·학을 연결하며 빠르게 진화하는 물류 AI 분야의 학술적 기반을 강화하고, 민간기업 간 그리고 민간-정부기관 간 협력을 촉진하고 있다. 이러한 교육 인프라는 피지컬 AI 통합시스템을 운영할 고숙련 인력을 안정적으로 공급하는 토대가 될 것이며, 나아가 인천형 모델이 세계로 확산될 때 함께 수출될 수 있는 핵심 소프트파워이기도 하다.

인천형 물류 AI·피지컬 AI 통합시스템은 그 자체가 수출품이 될 수도 있고, 인천 글로벌 물류 AX 플랫폼·인천 물류 피지컬 AI 통합시스템·물류 피지컬 AI와 자율주행 장비가 각각 수출품이 될 수 있다. 인천시에 통합시스템이 구축되면 그 자체가 쇼케이스가 되니 사람들이 오가고 다양한 국제행사 그 자체가 통합시스템을 홍보하게 된다.

인천시가 물류 AI 플랫폼과 피지컬 AI를 접목한 통합물류 AI 시스템을 개발하고 트랙 레코드를 축적한다면, 이것은 물류도시 인천을 AI 전환과 결합한 새로운 성장모델로 거듭나게 할 수 있다. 이를 위해서 무엇보다 중요한 것은 리더십이다. 인천시가 중심이 되어 인천항만공사, 인천국제공항공사, 인천경제자유구역청 등 공공 부문과 학계, 민간 물류기업 및 물류와 자율주행·피지컬 AI 기업이 협력하여 '인천형 물류 AI 통합시스템'을 개발하고, 도시 차원의 운영체제로 육성해야 한다. 이를 통해 인천은 자국 물류 효율화를 넘어, 세계 항만·물류도시를 대상으로 한 'K-물류 AI와 스마트항만 패키지 시스템'을 전파할 수 있게 될 것이다.

인천시는 이 역할을 수행하기 위해 인천시와 인천경제자유구역청 내에 물류 AI와 피지컬 AI 전담 조직을 설치하고 전문가와 기업인이 중심이 되어 실질적인 권한을 가진 거버넌스를 구축해야 한다. 그리고 정기적인 '자율주행차·피지컬 AI 엑스포'와 연계한 '글로벌 물류 AI·스마트항만 포럼'을 개최하여 인천의 선도적 모델을 세계에 알리는 전략이 필요하다. 또한 정책금융과 수출금융 및 글로벌 투자자본과 한국 대기업(조선·물류·IT) 컨소시엄을 결합한 프로젝트 파이낸싱 패키지도 검토해야 한다. 중앙 정부와 인천시는 이런 비전을 갖고 공동으로 'K-물류 AI와 스마트항만 패키지 시스템'을 국가 단위 프로젝트로 설정 및 구체화하고, 지원해야 하며, 적극적인 세일즈 외교로 신성장동력을 개척해야 한다.

자율주행·피지컬 AI 특구 인천,
피지컬 AI 산업 수도로

인천 물류 피지컬 AI 통합시스템은 자율주행과 피지컬 AI의 종합적인 발전에 크게 기여할 수 있는 공간과 기회를 제공한다. 인천의 기회는 감(感)이 아니라 지표로 설명된다. 인천항은 2024년 컨테이너 물동량에서 사상 최고치인 연간 356만 TEU를 기록했다. 항만은 자율주행 야드트랙터·스마트 터미널·물류 AI가 결합되는 대표적인 피지컬 AI 공간이며, 대규모 반복 운영 데이터가 쌓일수록 경쟁력이 누적된다. 인천국제공항은 2024년 290만 6,067톤 규모의 화물을 처리하며 항공 화물에서 세계 3위의 성과를 달성했다. 공항-항만-배후 물류단지의 삼각 연결은 자율주행 물류(트럭-셔틀-로봇)의 실증 범위를 도시 단위로 확장시키는 결정적 조건이며 인천은 이 조건을 충분히 갖추고 있다.

인천에 필요한 것은 성장의 동력을 제조·물류 기반에서 피지컬 AI 기반으로 전환하는 전략이다. 앞서 언급한 글로벌 사례들이 보여주듯이 미래 기술'만' 키우는 도시가 아니라, 기술과 더불어 '운영이 되는' 도시가 시장을 선점할 수 있다.

인천은 항만·공항·신도시·산업단지가 한 도시 안에서 연결되는 구조 덕분에 자율주행(도로)·스마트항만(야드/터미널)·

미국 CES 2026에서 공개된 현대차그룹의 아틀라스 (출처: 연합뉴스)

물류 자동화(창고/배후단지·피지컬 AI 로봇으로 현장 자동화)를 도시 단위로 '종합 실증'할 수 있는 더 없이 좋은 조건을 이미 갖췄다.

인천이 보유한 물리적 환경을 이용해서 자율주행과 피지컬 AI를 비약적으로 발전시키기 위해서는 무엇보다 국가적 차원의 제도적 지원이 필요하다. 제도적 지원의 핵심은 규제 개혁에 있다. 이를 위해 인천을 '자율주행·피지컬 AI 특구'로 만들어야 한다. 특구의 목적은 명확하다. K-자율주행차와 피지컬 AI 산업의 전략적 거점을 구축하고, 실측 데이터에 기반한 기술 개발과 산업생태계 조성을 통해 세계 경쟁력을 갖춘 새로운 성장동력을 창출하는 것이다. 지금까지 한국의 자율주행 정책이 제한적 테스트베드(Test Bed)와 부분 실증에 머물렀다면, 이제는 도시·산업 단위의 종합 실증 경쟁으로 넘어가야 한다. 그리고, 인천은 이 경쟁의 출발선에 가장 가까운 곳이다. 우리는 인천을 단순한 실험장이 아니라, 자율주행과 피지컬 AI가 태어나고, 성장하고, 산업으로 정착하고, 세계로 확산되는 본거지로 만들어야 한다.

자율주행차·피지컬 AI 특구의 방향은 세 가지 축으로 정리된다.

첫째, 인천의 자율주행차 특구 지정과 자율주행 교통시스템의 도입이다. 인천을 자율주행이 일상화된 도시로 전환함으로써, 글로벌 자율주행 기술과 산업의 중심지로 성장시키는 것이 목표이다.

둘째, 자율주행 모빌리티를 기반으로 한 피지컬 AI 산업생태계 구축이다. 자율주행차는 피지컬 AI의 대표적인 응용 영역으로 이 과정에서 축적되는 데이터와 기술은 로봇, 물류, 스마트항만, 산업 자동화로 확장된다. 인천은 '피지컬 AI 파운데이션 모델'(월드모델) 개발과 적용의 중심지가 될 것이다.

셋째, 부품·장비·플랫폼·서비스를 포괄하는 종합 산업생태계
　　조성이다. 소프트웨어뿐 아니라 센서, 라이다, 카메라,
　　액추에이터, 로보틱스 장비까지 포함한 완결형 밸류체
　　인을 인천에 구축함으로써, 기술 자립과 글로벌 경쟁력
　　을 동시에 확보하게 된다.

자율주행차·피지컬 AI 산업수도의 조건 : 제도·기술·인력·산업의 동시 구축

그렇다면 인천을 자율주행차·피지컬 AI 산업 수도로 만들기
위한 전략적 과제는 무엇일까?

　갈 길이 멀어 보이지만 방향은 명확하다. 제도를 혁신의
틀로 삼고, 그 안에 기술을 집적하고, 고급 인력을 양성하며,
AI 산업의 과제를 인천 시민들이 도시 생활 속에서 종합적으
로 검증하고 데이터를 축적하는 방법이다.

첫째, 인천을 자율주행차·피지컬 AI 특구로 지정하여 기술
　　실증을 가로막아온 제도적 한계를 근본적으로 해소해
　　야 한다. 이를 위해 수도권정비계획법 개정 또는 자율
　　주행차특구특별법 제정을 추진하여, 차량 운행·데이터

활용·인프라 구축·안전 인증에 관한 규제를 일괄적으로 완화하고, 동시에 국가 재정 지원과 정책금융을 연계한다. 기존의 개별 실증 허가 방식이 아니라, 도시와 산업을 아우르는 포괄적 실증을 허용하는 '네거티브 규제 체계'를 도입함으로써, 기업과 연구기관이 반복적인 인허가 부담 없이 지속적 운행과 고도화 실험을 수행할 수 있도록 한다. 이는 인천을 단순한 테스트베드가 아닌, 자율주행과 피지컬 AI가 실제로 운영되고 검증되는 국가 전략 거점으로 전환하는 제도적 기반이 된다.

자율주행차·피지컬 AI 특구 지정은 새로운 제도를 처음 만드는 것이 아니라, 기존 특구와 규제샌드박스 제도의 확장과 통합이라는 점에서 실현 가능성이 높다. 이미 국내에는 규제자유특구, 산업융합 규제샌드박스, 자율주행 시범운행지구 제도가 존재하며, 이들 제도는 제한적이지만 실제로 규제 완화와 정부 재정 지원을 동시에 가능하게 했다. 나아가 최근 논의가 되고 있는 국가 단위의 첨단산업에 대한 규제를 유예하는 메가 규제샌드박스가 법제화된다면 인천시 차원의 추진도 고려할 수 있다. 인천 특구는 이 제도들을 도시 단위로 묶어 상시화하는 업그레이드 모델로 설계된다. 행정적으로는 국토교통부(자율주행), 산업통상자원부(AI·로봇), 과학기술정보통신부(데이터·AI), 해양수산부(항만)를 포괄하는 범정부적인 협력이 필수다. 인천은 공항·항만을 동시에 관할하는 광역 지자체로서 부처 간 협업의 실무 거점 역할을 수행할 수 있다. 특히 수도권정비계획법의 '산업·연구 특례' 조항 활용 또는 특별법 제정은 국가 신성장동력 확보라는 정책 명분과 결합할 경우 충분히 현실성을 갖추게 된다.

둘째, 자율주행차 운행을 특정 노선이나 시범 구간에 한정하지 않고, 물류·대중교통·개인 이동을 포괄하는 도시 전면 실증으로 확장한다. 인천항과 산업단지에서는 자율주행 야드트랙터(Yard tractor)와 수출 차량 자율 선적·탁송을 본격 도입하고, 도심과 신도시에서는 수요응답형 자율주행 교통체계와 자율주행 택시·버스·트램을 단계적으로 운영한다.

특히 수소 기반 자율주행 차량을 적극 활용하여 친환경 에너지 전환과 모빌리티 혁신을 동시에 달성한다. 이 과정에서 인천 전역은 하나의 '운영 중인 실험실'(living lab)이 되어, 자율주행 기술의 안전성·효율성·시민 수용성을 실제 환경에서 반복 검증하고, 이를 통해 세계 시장에서 경쟁 가능한 운영 경험과 데이터를 축적하게 된다.

자율주행 운행의 전면적 도입은 기술의 성숙도 측면에서도 이미 가능한 단계에 진입해 있다. 항만 야드트랙터, 자율주행 셔틀, 자율주행 탁송은 완전 무인(레벨 4) 이전 단계에서도 운영 효율과 안전성 개선 효과가 검증된 영역이다.

특히 인천항, 공항 배후 물류단지, 신도시는 차량 흐름이 반복적이고 통제된 환경이 많아, 단계적 자율주행 도입에 유리하다. 정책적으로도 '혼합 운영'(자율+수동) 모델을 허용함으로써 초기 안전성과 시민 수용성을 동시에 확보할 수 있다. 또한 수요응답형 교통체계(DRT)는 이미 여러 지자체에 운영 경험이 축적되어 있어 자율주행 기술만 결합하면 빠른 확장이 가능하다. 즉, 이 정책은 기술적 도약이 아니라 기존 운행 시스템에 자율주행을 얹는 점진적 확장 전략이기 때문에 실행 리스크가 높지 않다.

셋째, 자율주행과 피지컬 AI 산업의 경쟁력을 좌우하는 데이터와 알고리즘 고도화를 위해, 인천에 전용 데이터센터를 구축하고 기술연구소를 유치한다. 실제 도로, 항만, 물류 현장에서 발생하는 대규모 실시간 운행 데이터는 시뮬레이션이나 제한적 실증으로는 대체할 수 없는 핵심 자산이다.

인천은 이 데이터를 체계적으로 수집·저장·분석하는 인프라를 구축하고, 이를 기반으로 자율주행 알고리즘, 피지컬 AI 파운데이션 모델, 로봇·물류 자동화 기술을 고도화한다. 데이터센터와 연구소는 단순한 연구 시설이 아니라, 기업·대학·스타트업이 공동으로 활용하는 산업화 전초기지로 기능하며, 인천을 자율주행·피지컬 AI 기술 발전의 실질적 컨트롤타워로 만들어준다.

데이터센터와 기술연구소는 대규모 신규 투자가 아니라, 기존 산업·연구 인프라의 기능 전환과 집적을 통해 실현된다. 송도 바이오·IT 클러스터, 공항·항만 인근 산업단지는 이미 전력·통신·부지 조건을 갖춘 상태로 AI·자율주행 데이터센터 입지로서 경쟁력이 있다.

특히 자율주행 데이터는 실시간 처리와 엣지 컴퓨팅이 중요하기 때문에, 물류·교통 현장과 가까운 인천은 좋은 입지조건을 갖췄다. 연구소 역시 기존 대학·출연연·기업 연구 조직의 이전 또는 공동 설립 형태로 추진할 수 있어, 초기 구축 비용과 시간을 크게 줄일 수 있다. 즉 새로운 연구단지를 만드는 것이 아니라 운영 데이터가 모이는 곳에 연구 기능을 붙이는 구조라는 점에서 실행 가능성이 높다.

넷째, 기술 개발과 현장 운영을 동시에 수행하는 인재를 체계적으로 양성하기 위해 산학 연계형 교육·연구 체계를 구축한다. 모빌리티 기업과 인하대, 인천대가 참여하는 학부·대학원 계약학과를 신설하여, 자율주행 알고리즘, 센서·로보틱스, 시스템 통합, 데이터 운영, 안전·인증까지 포괄하는 교육 과정을 운영한다. 이 교육 체계는 단순한 이론 중심 인재 양성이 아니라, 실제 운행과 실증 현장에 참여하는 현장 밀착형 인재 양성 모델을 지향한다. 이를 통해 인천은 기술 인재가 외부로 유출되는 도시가 아니라, 자율주행·피지컬 AI 산업을 현장에서 이끌 전문 인력이 지속적으로 공급되는 산업 거점으로 전환된다.

산학 연계 계약학과와 현장 중심 인재 양성은 이미 반도체, 바이오, 방산 분야에서 검증됐다. 인하대와 인천대는 공학·정보·시스템 분야의 교육 역량을 보유하고 있으며, 지역 산업과 연계된 계약학과 운영 경험도 보유하고 있다. 자율주행·피지컬 AI 계약학과는 기존 학과를 대체하는 것이 아니고 기업 수요 기반의 소규모 정예 트랙으로 시작할 수 있어 부담이 적다. 또한 실증 현장이 곧 교육 현장이 되는 구조이기 때문에, 학생들은 졸업과 동시에 산업 현장에 투입 가능한 실무 역량을 갖추게 된다. 이는 청년 인재의 수도권 내부 유출을 막고, 기업 입장에서도 채용 리스크를 줄이는 상호 이익 구조를 형성한다.

다섯째, 기술이 실험에 머무르지 않고 사업과 산업으로 전환되도록, '인천 자율주행·피지컬 AI사이언스파크'와 전용 투자생태계 조성이 필요하다. 자율주행·피지컬 AI 관련 스타트업, 중소기업, 글로벌 모빌리티 기업, 금융기관 등이 집적한 혁신공간으로 AI사이언스파크를 조성해야 한다. 그리고 자율주행·피지컬 AI 특화 벤처캐피탈과 정책금융을 연계한다. 이를 통해 기술 실증·사업화·확장으로 이어지는 성장 경로를 정착시키고, 기술스타트업이 서울·판교로 이전하지 않고도 글로벌 시장으로 성장할 수 있는 환경을 제공한다.

인천자율주행·피지컬 AI사이언스파크는 인천을 단순한 기술 수용지가 아니라, 자율주행·피지컬 AI 산업이 탄생하고 확산되는 기업 성장의 본거지로 만드는 핵심축이 될 것이다.

인천 AI사이언스파크와 전용 투자생태계는 공공 단독이 아니라 민관 합동 협력 구조로 설계함으로써 현실성을 확보하게 된다. 이미 정책금융기관과 연기금, 대기업의 벤처캐피탈은 미래 모빌리티와 AI 분야 투자를 적극 검토하고 있지만 문제는 '기술은 있으나 실증과 시장이 없는 상황'이다. 인천 특구는 실증과 초기시장을 동시에 제공함으로써, 투자자에게 명확한 투자 논리를 제공한다. 벤처타운 역시 신규 단지 조성보다는 기존 산업단지와 연구단지 내 유휴 공간을 활용한 단계적 집적 방식으로 추진하여 재정 부담을 줄인다. 이 구조에서는 스타트업·중견기업·글로벌 기업 간 협업이 자연스럽게 발생하고, 기술이 외부로 유출되지 않고 인천 내에서 성장·확장되는 선순환이 가능해진다.

'글로벌 스마트 오토밸리', 물류 AI가 바꾸는 인천 중고차 수출산업

피지컬 AI를 바로 적용할 수 있는 인천만의 산업이 하나 더 있다면, 바로 중고차 수출산업이다. 중고차 수출산업은 인천의 핵심 사업이다. 2025년 기준, 국내 중고차 수출 물동량의 약 80%가 인천을 통해 이동하며, 연간 74만 대의 차량이 인천항을 거쳐 세계로 나간다. 수출액은 2023년 기준 약 6조 3,000억 원에 이른다.

2025년 3월, 제52회 상공의날 기념식에서 미래를 향해 손전등을 비추는 박찬대

그러나 산업의 규모와 달리 그 기반은 취약하다. 민간 주도로 추진된 '스마트 오토밸리' 사업은 자금 조달의 벽을 넘지 못하고 결국 무산됐다. 그 결과, 약 4만 개에 이르는 일자리가 평택과 당진 등 타 지역으로 빠져나갈 위기에 놓였다.

또한 불법 중고차 사업으로 무질서가 누적됐다. 송도유원지 일대에 산재한 중고차 야적장은 산업의 구조적 한계를 상징적으로 보여준다. 무질서한 적치, 반복되는 소음과 분진, 그리고 매입 사기로 인한 신뢰 훼손 문제는 더 이상 방치할 수 없는 수준에 이르렀다. 이제 필요한 것은 임시방편이 아니라, 산업 전반을 다시 설계하는 근본적 전환이다.

　이제 필요한 것은 단순한 입지 지원이 아니라, 산업 전반을 다시 설계하는 디지털 및 물리적 대전환이다. 즉 피지컬 AI 기반의 '글로벌 스마트 오토밸리'가 도입되어야 한다. 단순히 차를 세워두는 시장을 넘어, 중고차의 '글로벌 풀필먼트 센터'(Fulfillment Center)를 구축하는 데 있다. '풀필먼트'란 상품의 입고, 재고 관리, 성능 점검, 선적에 이르는 전 과정을 통합 처리하는 물류 시스템을 말한다. 마치 이커머스의 '로켓 배송'처럼, 온라인으로 거래되는 중고차 수출의 특성에 맞춰 차량이 입고되는 순간부터 해외 구매자에게 전달되기까지의 모든 과정을 원스톱으로 관리하는 것이다.

　여기에 '피지컬 AI' 기술을 접목한다면, 자율주행 기반의 차량 이동, 로봇을 이용한 정밀 상태 진단, AI 기반의 실시간 재고 관리 등이 가능해진다. 이는 구매자에게 공공이 인증한 신뢰도 높은 데이터를 제공함으로써 무너진 시장 신뢰를 회복하는 강력한 동력이 될 것이다. 핵심은 공공 주도의 시장 활성화 전략과 첨단기술의 결합이다. 먼저, 민간에 맡겨졌던 개발 구조를 인천항만공사와 인천시가 공동으로 책임지는 방식으로 전환한다. 신뢰가 무너진 시장경제에 공공이 나서서 산업의 신뢰를 회복하고, 시장을 다시 회전시킨다.

　제도적 기반 역시 함께 다져야 한다. 허종식 의원을 대표로 나를 포함해서 12명의 국회의원이 공동 발의한 '자동차 관리법' 개정안은 중고차 수출업을 등록제로 전환하는 내용을 담고 있다. 이 법 개정은 난립하던 시장을 정비하고, 글로벌 기준에 부합하는 산업 질서를 만드는 출발점이 될 것이다.

글로벌 스마트 오토밸리의 가장 큰 차별점은 피지컬 AI의 본격적인 도입이다. 이는 단순한 자동화가 아니라, 공간과 물류, 판단을 동시에 혁신하는 기술이다. 차량이 단지에 들어오는 순간, 360도 AI 비전 스캔이 작동한다. 외관 손상과 성능 상태가 자동으로 검수되고, 모든 정보는 데이터로 기록된다. 이 과정을 거친 차량에는 '인천 인증'이라는 새로운 신뢰의 이름이 붙는다. 가격이 아니라 품질로 경쟁하는 시장, 인천이 그 기준을 만든다.

보관 방식도 바뀐다. 자율주행 주차로봇과 수직형 적재 시스템을 결합한 입체 적체 구조는 기존 야적장의 한계를 뛰어넘는다. 같은 공간에서 더 많은 차량을, 더 안전하게, 더 조용하게 관리할 수 있다. 서류 작업은 더 이상 사람의 부담이 아니다. 생성형 AI 기반 광학문자인식(OCR) 기술을 활용해 통관과 선적에 필요한 문서가 자동으로 처리되고, 행정 비용과 시간은 확 줄어든다.

스마트 오토밸리는 끝에서 끝까지 연결된 글로벌 물류 허브다. 인천항을 중심으로 해상 운송과 철도망이 결합된다. 한국에서 중국을 거쳐 중앙아시아로 이어지는 중국횡단철도(TCR), 만주횡단철도(TMR), 시베리아횡단철도(TSR) 노선과의 연계는 중고차 수출의 지리적 한계를 허문다. 전용 쇼어링(Shoring) 작업과 자동화 상·하역 장비는 선적 과정의 안정성과 효율을 동시에 높인다. 세관과의 긴밀한 협력을 통해 통관 절차는 간소화되고, 단지는 전용 보세창고 기능까지 수행하게 된다. 복잡했던 수출 과정은 하나의 흐름으로 정리된다.

인천의 강점은 항만만이 아니다. 공항과 마이스 인프라까지 갖춘 도시는 세계적으로도 드물다.

해외 바이어는 인천공항에 도착한 뒤 30분 이내에 단지에 도착한다. AI 검수 결과를 현장에서 확인하고, 당일 계약과 선적까지 가능한 패스트 트랙이 열린다. 거래는 더 빠르고, 결정은 더 확실해진다. 자율주행 로봇과 물류 자동화 시스템은 중동과 중앙아시아 바이어들에게 체험형 전시장이되고, 인근 마이스 시설과 연계된 산업 관광은 인천을 '보고, 사고, 계약하는 도시'로 바꿔놓는다.

산업의 성장과 함께, 지역 주민의 삶도 중요하다. 스마트 오토밸리는 실내형 단지로 설계돼 소음 차단벽과 분진 방지 시설을 갖추고, 친환경 탄소 회수 시스템을 도입한다. 단지 안에는 차량 박물관과 첨단기술 체험 공간이 들어서고, 지역 주민을 우선 채용하는 구조를 통해 산업의 성과가 지역 사회로 환류되도록 한다. 개발이 아닌 공존, 그것이 지속 가능한 산업의 조건이다.

기대효과는 상당하다. 스마트오토밸리의 기대 고용 유발은 약 6,500명이다. 그리고 약 5,102억 원의 생산 유발 효과와 3,024억 원 규모(2021년기준)의 부가가치가 창출되고, 인천 중소기업들의 글로벌 수출 경쟁력도 함께 강화된다. 이를 통해 연간 중고차 수출 100만 대를 달성할 경우, 직접 고용 인원은 기존 4만 명에서 7만 명 이상으로 늘어난다. 무엇보다 중요한 변화는 신뢰다. AI 기반 품질 검증과 객관적인 이력 관리 시스템은 국제 중고차 시장에서 '인천 중고차'라는 이름을 신뢰의 브랜드로 만들게 된다.

9

탄소중립의 심장, 인천

우리는 안정적인 에너지 확보가 국가와 산업경제의 운명과 성패를 좌우하는 시대에 살고 있다. 석탄과 석유, 천연가스, 바이오연료에서 우라늄과 희토류에 이르기까지, 에너지는 공급 시스템을 중심으로 복잡한 관계망을 형성하고 있다. 이러한 '에너지 상호의존성'이 현대 에너지 문제를 이해하는 핵심 열쇳말이다.

천연자원이 거의 없이 산업 고도화로 에너지 수요가 높은 우리나라는 에너지 공급을 절대적으로 해외에 의존하고 있다. 이러한 상황에서 우리나라가 풀어야 할 에너지 문제는 안정적이고 저렴한 에너지 확보이며, 여기에는 단순히 수

요와 공급에 의한 가격 결정을 넘어 안보, 외교, 기술 안보, 공급망과 경제 안보 등이 복잡하게 얽혀 있다. 또한 에너지는 그 자체로 채굴, 정제, 운송, 발전 등 전후방 산업생태계와 밸류체인을 형성하면서 우리나라의 산업구조와 깊이 연관되어 있다.

따라서 에너지 정책의 방향성은 에너지의 해외 의존도를 낮추면서, 에너지 공급과 가격 안정성은 높이고, 탄소중립과 환경보호를 강화하며, 에너지 전후방 산업생태계 경쟁력을 높여 신성장동력과 수출산업으로 육성하는 것이다. 이를 통해 에너지 시장 위협에 대한 대응력을 높이고, 경제 안보는 물론 외교와 안보 영역에서도 자율성을 확보할 수 있다.

우리나라가 에너지 자립도와 산업 경쟁력을 높일 수 있는 유력한 방법은 풍력과 태양광 같은 재생에너지에 있다. 특히 디지털과 인공지능 시대는 더 많은 에너지를 요구하며, 산업통상국가인 한국은 에너지 수요가 지속적으로 증가할 것이다. 재생에너지 기술력 강화와 산업생태계 조성, 효율적인 국제 공급망 구축을 위한 정부와 공공 부문의 장기적 투자는 한국 산업 경쟁력 강화와 에너지 안보 및 복지의 핵심 조건이다.

인천은 산업도시이자 인구 300만 명이 넘는 대도시로 전기 수요가 많다. 또한 진행 중인 항공 MRO 사업과 피지컬

AI, 바이오 산업 등 신산업 육성을 위한 정책과 투자는 에너지의 안정적 공급을 전제로 한다. 특히 분산에너지특구 등 규제 완화를 통한 신산업 육성은 에너지 자립도 제고와 안정적인 에너지 인프라 구축과 병행되어야 실효성을 가질 수 있다. 동시에 탄소중립과 기후위기 대응 역시 함께 고려해야 할 전략적 과제이다. 인천은 서해안을 끼고 있는 자연 조건과 산업 대도시라는 사회·경제적 조건을 동시에 갖추고 있어, 재생에너지 산업 육성에 유리하다. 인천의 에너지 전략과 정책은 지역 산업과 시민 복지에 직접적인 영향을 미칠 뿐 아니라 한국 에너지 정책의 중요한 시험대가 될 수 있을 것이다.

에너지 전초기지, 인천

인천은 오랫동안 수도권의 경제성장을 뒷받침하는 에너지 전초기지 역할을 해왔다. 서해안을 따라 늘어선 산업단지와 발전소들은 우리 경제의 든든한 버팀목이었지만, 그 과정에서 인천 시민들은 적지 않은 환경적 부담을 져야 했다. 2022년 기준 인천의 온실가스 직접 배출량은 약 6,400만 톤으로 서울 2,400만 톤, 부산 1,400만 톤 등 다른 주요 도시에 비하여 인구 대비 절대적으로 많은 양을 배출하고 있다.

　이는 우리 인천 시민의 탓이 아니다. 수도권 전력의 상당 부분을 책임지는 영흥화력발전소 한 곳에서만 인천 전체 배출량의 절반에 가까운 3,200만 톤의 온실가스를 배출하고 있다. 지난 30여 년간 수도권의 쓰레기를 묵묵히 받아내온 매립지 문제 또한 인천이 짊어져 왔던 환경적 부담을 상징한다. 우리는 이러한 불평등한 부담을 넘어서, 다음 세대를 위한 새로운 에너지와 자원 순환 시대로의 전환을 차분히 준비해야 할 시점에 와 있다.

　기후 변화에 대응하고 폐기물 문제를 해결하는 일은 이제 단순한 환경 문제를 넘어, 인천의 지역 경제가 지속 가능하기 위한 필수적인 조건이 되었다. 현재 인천의 재생에너지 발전량은 소비전력 대비 8% 수준으로 아직 갈 길이 멀지만, 세계 시장의 요구는 이미 단호하다. 재생에너지 100%를 뜻하는 RE100과 같은 새로운 국제 무역 규범은 우리 기업들에 보이지 않는 장벽이 되고 있다.

　매립지 문제 역시 마찬가지다. 올해부터 시행된 수도권 생활폐기물 직매립 금지는 우리에게 단순한 규제가 아니라, 쓰레기를 에너지와 자원으로 바꾸는 '순환 경제'로의 체질 개선을 요구하고 있다. 인천의 산업과 도시 인프라가 경쟁력을 유지하며 성장하기 위해서는 에너지와 자원 구조를 더 깨끗하고 효율적으로 바꾸는 작업이 뒷받침되어야 한다.

해상풍력단지 (출처: 연합뉴스)

우리 인천은 다행히 이러한 변화를 이끌 수 있는 훌륭한 토양을 이미 갖추고 있다. 서구의 환경산업연구단지는 새로운 기후 기술의 산실이 될 수 있는 잠재력을 가지고 있으며, 수도권매립지관리공사를 통하여 매립지 유휴 부지를 태양광 등 재생에너지 거점으로 바꿀 수 있는 잠재력을 지니고 있다. 송도의 녹색기후기금(GCF) 또한 글로벌 기후 금융의 흐름을 인천으로 연결해줄 수 있는 소중한 자산이다.

이러한 공공의 인프라에 시민들의 참여가 결합한다면, 인천은 탄소중립의 핵심 도시로 태어날 수 있다. 단순히 에너지원을 바꾸거나 쓰레기를 처리하는 기술적인 문제를 넘어, 시민들이 생산과 순환에 참여하고 그 혜택을 지역사회가 함께 나누는 구조를 만드는 것, 내가 지향하는 인천의 탄소중립 모습이다.

우리나라의 '2050 탄소중립'을 향한 여정에서 시민과 함께 우리 인천의 새로운 성장동력을 모범적으로 만들고 싶다. 우리나라는 2030년까지 온실가스를 2018년 대비 40% 줄이고, 2035년에는 53~61%까지 감축하는 과정은 분명 많은 정성과 노력이 필요한 일이다. 하지만 인천 앞바다의 풍부한 바람을 에너지로 바꾸고, 매립지를 자원 순환의 혁신 거점으로 탈바꿈시키며, 이를 통해 청정 수소 생태계를 차근차근 구축한다면 인천은 가장 깨끗하고 활기찬 '탄소중립의 심장'으로 거듭날 수 있을 것이다.

해상풍력, 항만도시 인천의 새로운 성장동력

인천은 항만도시라는 지리적 이점 덕분에 화석연료를 수입하고 에너지를 생산·공급하기에 최적의 조건을 갖췄다. 이러한 지리적 배경은 인천을 광역시 중에서도 보기 드물게 석탄화력발전소가 밀집한 에너지 산업의 거점으로 만들었다. 아래 표에서 볼 수 있는 것처럼, 실제로 인천의 에너지 공급업 특화도(입지계수 2.138)는 전국 평균을 두 배 상회할 만큼 압도

주요 시도의 산업별 입지계수

	인천	서울	부산	대구	경기	충남
농업, 임업 및 어업	**0.166**	0.043	0.241	0.122	0.372	2.238
광·제조업	**0.951**	0.129	0.586	0.721	1.312	1.903
전기, 가스, 증기 및 공기 조절 공급업	**2.138**	0.307	1.304	0.486	0.727	2.040
건설업	**1.492**	0.553	1.020	1.282	1.156	1.047
서비스업	**0.982**	1.468	1.199	1.135	0.872	0.538

(출처: 인천시 해상풍력산업 육성을 위한 제언, 〈이슈브리프〉 No. 6('25.10.13)에서 재인용)

적으로 높다.

하지만 이러한 높은 특화도 이면에는 뼈아픈 불균형이 존재한다. 인천의 에너지 산업은 화석연료를 수입·발전·공급하는 구조에 편중되어 있으며, 미래의 핵심인 신재생에너지 생산·공급은 아직 저조한 실정이다. 수도권이면서 에너지를 생산하는 거점 도시임에도 재생에너지 보급용량(발전)이 전국 3% 미만인 현실은, 지금 인천이 왜 전면적인 에너지 구조 재편에 나서야 하는지 극명하게 보여준다.

다행히도 인천 앞바다는 풍량이 풍부하고 수심이 적절하여 해상풍력발전을 위한 천혜의 요충지로 손꼽힌다. 인천이 가지고 있는 배타적 경제수역(EEZ) 내의 풍속과 밀도는 대규모 단지를 조성하기에 충분하며, 이는 석탄발전 중심이었던 인천의 에너지 지도를 근본적으로 바꿀 수 있는 소중한 자산이다. 인천 앞바다의 바람은 더 이상 단순한 자연현상이 아니다. 이 바람은 우리 시민의 삶을 지탱하는 깨끗한 에너지와 새로운 먹거리가 될 수 있다.

현재 4개 사업자가 총 3.4GW 규모 해양풍력발전 사업 허가를 받아 관련 절차를 진행 중이다. 해상풍력발전 사업 1MW당 약 61억 원이 투입되는 대규모 장치산업으로 사업이 본격화되면 총투자 규모는 약 21조 원에 달할 것으로 추산된다. 하지만 이것으로는 충분하지 않으며, 2040년까지 총 7GW의 해상풍력단지를 만들기 위한 기틀을 마련해야 한다.

7GW는 영흥화력발전소의 발전용량 5GW를 넘는 거대한 발전용량으로, 이것이 현실화되면 인천은 수도권의 에너지 공급원을 석탄에서 바람으로 교체하는 상징적인 도시가 된다. 그동안 인천이 타 지역을 위해 매연을 감내하며 전력을 생산했다면, 이제는 우리를 위해 바람으로 깨끗한 에너지를 생산하는 에너지 자립 도시로 거듭나는 것이다.

이를 위해 나는 공공과 민간이 협력하는 체계적인 개발 로드맵을 수립·실행할 것이다. 인천시와 정부 그리고 발전사업자가 원활하게 소통할 수 있는 전담 기구를 강화하고, 복잡한 인허가 절차를 간소화하여 사업의 불확실성을 제거한다. 물론, 어업인들과의 상생은 해상풍력발전 성공의 핵심 전제조건이다. 단순히 보상금을 지급하는 차원을 넘어, 주민들이 발전 사업에 직접 참여하고 수익을 공유하는 '주민 참여형 이익 공유 모델'을 성공적으로 정착시킬 것이다. 바다의 주인인 시민과 어업인이 발전 수익을 함께 나누는 구조는 사업의 수용성을 높일 뿐만 아니라 지역 공동체를 더욱 단단하게 묶어주는 계기가 될 것이다.

해상풍력발전은 단순히 전력 생산 방식을 바꾸는 차원을 넘어선다. 에너지 안보를 확립하고, 지역 경제에 활력을 불어넣으며, 새로운 일자리를 창출하는 등 다각적인 정책 목표를 동시에 달성할 수 있는 전략산업이다. 이미 해외 주요국은 물론 우리나라도 해상풍력발전을 국가 경쟁력 강화의 핵심축으로 설정하고 정책적·재정적 지원을 집중하고 있다. 특히 거대한 기계 설비와 물류 시스템, 그리고 유지보수 기술이 결합한 고부가가치 제조산업인 해상풍력발전은 인천의 새로운 성장 동력이 되기에 충분하다.

인천은 이미 세계적인 수준의 인천항과 탄탄한 배후물류단지를 보유하고 있어 해상풍력 산업을 수용할 최적의 조건을 갖추고 있다. 특히 이재명정부 출범 이후 해양수산부의 '제4차 항만기본계획 수정계획'에 인천신항 해상풍력 지원부두 조성사업이 반영되면서 전환점을 맞이했다. 이로써 풍력 터

빈과 부품 제조, 조립 및 유지보수(O&M) 기업들이 한데 모이는 '해상풍력산업클러스터'를 조성할 수 있는 제도적 기반이 마련된 것이다.

물론 이러한 기회가 저절로 실질적인 성과로 이어지지는 않을 것이다. 정부의 계획을 발판 삼아 인천시만의 구체적이고 적극적인 장기 로드맵을 수립해야 한다. 단순히 부두를 짓는 것에 그치지 않고, 지역 중소기업들이 해상풍력 공급망에 진입할 수 있도록 기술 개발을 지원하고 전문 인력을 양성하는 등 시 차원의 전략적 투자를 뒷받침할 것이다. 그래야만 인천은 명실상부한 대한민국 해상풍력발전의 전초기지로 설 수 있다.

인천의 숙련된 제조업 기반과 해상풍력 기술이 결합한다면 수천 명의 고용 창출 효과를 기대할 수 있다. 청년들은 인천 안에서 미래형 에너지 산업의 일자리를 찾게 될 것이며, 기존의 노후 산업단지들은 저탄소 부품 제조산업으로 재편될 것이다. 인천항은 단순한 물류 거점을 넘어, 대한민국 해상풍력의 기자재가 생산되고 조립되어 전 세계로 뻗어나가는 전초기지가 될 수 있는 잠재력이 충분하다.

인천이 해상풍력발전의 중심지로 도약하기 위해서는 기술적 인프라 못지않게 이를 뒷받침할 '사람'이 중요하다. 인천에는 공학 분야에 강점이 있는 대학들이 자리 잡고 있으며,

이들 대학은 해상풍력 산업에 필요한 전문 인력을 공급할 수 있는 역량을 갖추고 있다. 인천의 대학은 단순히 지식을 전달하는 곳을 넘어, 해상풍력 산업 현장과 긴밀히 호흡하는 '산학협력의 허브'가 될 수 있다.

대학 내에 해상풍력 특성화 대학원을 설립하거나 전용 학과를 지원하여 설계, 시공, 유지보수 등 각 분야의 전문 엔지니어를 양성하고, 지역 대학과 해상풍력 기업이 공동으로 참여하는 R&D 프로젝트를 활성화한다. 이를 통해 대학은 현장 중심의 연구 성과를 내고, 기업은 검증된 인재를 확보하며, 우리 청년들은 인천 내에서 미래 유망 산업의 일자리를 얻는 선순환 구조를 만들 수 있다. 인천의 대학에서 배출된 인재들이 우리 앞바다의 해상풍력단지를 관리하고 운영하는 모습, 그것이 바로 내가 인천 시민과 함께 꿈꾸는 지식 기반의 '탄소중립 선도도시' 인천의 경쟁력이다.

해상풍력발전으로 얻어지는 대규모 재생에너지는 우리 기업에 강력한 경제적 무기가 된다. 글로벌 시장의 RE100 요구는 수출 비중이 높은 인천 기업에 만만치 않은 무역 장벽으로 다가오고 있다. 이에 대비하여 해상풍력단지에서 생산된 전력을 남동, 부평, 주안 산업단지와 직접 연결하는 전력 구매 계약(PPA) 모델을 활성화할 필요가 있다. 이는 기업의 전기요금 부담을 낮추는 실질적인 혜택을 제공할 뿐만 아니라,

자전거 타는 박찬대 (출처: 염태영의원 페이스북)

탄소 장벽이라는 새로운 국제 규제 속에서 우리 기업들이 능동적으로 돌파구를 찾을 수 있는 해법이 된다.

인천 내에서 값싸고 안정적인 재생에너지를 직접 공급받는 환경이 조성된다면, 유망한 기업들을 우리 지역으로 불러 모으는 강력한 유인책이 될 것이다. 기존 기업들 역시 해외나 다른 지역으로의 이전을 고민하지 않고 인천에서 지속 가능한 경영을 이어갈 수 있다. 이는 곧 지역 내 투자를 촉진하고 경제의 기초 체력을 다지는 선순환으로 이어진다. 인천 앞바다의 바람은 이제 미세먼지를 실어 오는 근심거리가 아니라,

우리 기업들의 경쟁력을 지키고 시민들의 일자리를 창출하는 희망의 동력이 될 것이다. 바람을 자원으로 바꾸는 이 쉽지 않은 여정은 인천이 기후위기 시대에 경제적 주도권을 확보하는 한 수가 될 것이라 확신한다.

분산에너지특구로 '에너지 자치 시대' 개막

대한민국 경제의 성장을 견인해온 남동, 부평, 주안 등 인천의 주요 산업단지들은 이제 글로벌 시장이 요구하는 저탄소 제조 환경이라는 새로운 도전에 직면해 있다. RE100을 요구하는 제조 과정의 저탄소화는 단순히, 하면 좋은 것이 아니라 우리 기업들이 세계 시장에서 신뢰를 얻고 초격차 경쟁력을 확보하기 위해 반드시 갖춰야 할 핵심 역량이다.

인천시는 이를 뒷받침하기 위해 분산에너지특구 지정을 추진하며 이미 소중한 경험을 쌓은 바 있다. 비록 처음 도전에서는 여러 과제를 나열식으로 제시한 탓에 정책적 선명도에서 아쉬웠지만, 그 과정은 인천 산단에 가장 적합한 모델이 무엇인지를 확인하는 중요한 계기가 되었다. 최근 개소한 '분산에너지지원센터'를 재편하고 인천의 산단을 세계가 주목하는 친환경 제조 거점으로 변모시키기 위한 전략적 로드맵을 구체화할 필요가 있다.

지난 경험을 바탕으로, 앞으로의 정책 역량은 '공급유치형'과 '신산업 활성화형'의 유기적 결합에 집중할 필요가 있다. 앞서 이야기한 것처럼 특구 지정의 가장 실질적인 혜택은 발전 사업자와 기업 간의 전력 직접 거래를 통해 에너지 유통의 자율성을 확보하는 데 있다. 인천 앞바다의 해상풍력과 도심의 연료전지가 생산한 에너지를 지역 산단의 기업들이 직접 구매할 수 있는 '공급유치형' 체계를 확립함으로써, 기업들은 안정적이고 효율적으로 재생에너지를 확보할 수 있게 된다. 여기에 AI 기반의 가상발전소(VPP)와 에너지 저장장치(ESS) 기술을 접목한 '신산업 활성화형' 모델을 더함으로써 산단 전체의 에너지 효율을 극대화하고 전력 계통의 안정성을 높여야 한다. 이 결합 모델은 인천 산단의 인프라 자산을 가장 효율적으로 활용하는 해법이며, 나아가 국가 분산에너지 정책을 선도하는 상징적인 이정표가 될 것이다.

아울러 단순한 전력 거래 방식의 변화를 넘어, 인천의 산업단지는 에너지가 자율적으로 최적화되는 '자립형 스마트 산단'으로의 질적 전환을 이뤄내야 한다. 이를 위해 산단 내 공장 지붕과 유휴 부지를 활용한 태양광, 연료전지 등 분산전원을 대폭 확대하고, 대규모 에너지 저장장치를 연계하여 에너지 사용의 유연성을 확보하는 것이 핵심이다. 이렇게 구

축된 분산 에너지원들을 지능형 전력망(Smart Grid)으로 통합
하여 실시간 수요에 대응함으로써 전력 공급의 신뢰도를 높
이고, 대규모 송전 설비 건설에 따른 사회적 비용은 최소화해
야 한다. 이처럼 에너지가 지능적으로 관리되는 환경은 고부
가가치 첨단 기업들이 인천을 최우선 투자처로 선택하게 만
드는 강력한 유인이 될 것이며, 노후 산단의 업종 고도화를
이끄는 마중물이 될 것이다.

그동안 대규모 발전 시설을 수용하며 유무형의 환경적 비
용과 위험을 감내해온 인천의 기업들이 생산지와 소비지 사
이의 거리, 그리고 계통 기여도를 반영한 합리적인 비용 혜
택을 향유하는 것은 경제적 관점에서 타당하다. 이러한 맥락
에서 '분산에너지활성화특별법'은 인천의 지리적·환경적 가치
가 정당하게 평가받는 '지역별 차등 요금제'를 구현할 수 있
는 결정적인 법적 토대가 될 것이다. 인천에서 생산된 전력을
지역 내에서 소비할 때 발생하는 사회적·경제적 비용 절감 효
과가 지역 기업의 이익이 되는 정교한 가격 체계로 설계되어
야 하며, 이는 신규 투자를 촉진하고 인천의 지역내총생산을
견인하는 실질적인 동력이 될 것이다. 결국 기업의 자율적인
노력이 실질적인 혜택으로 이어지는 합리적인 인센티브 구조
를 설계하여 기업들이 자발적으로 에너지 효율화에 동참하
고 경쟁력을 제고하는 선순환 구조를 정착시키는 것이 인천

에너지 정책의 핵심적인 방향이 되어야 한다.

이러한 비전을 현실화하기 위해 현재 운영 중인 분산에너지지원센터의 역할을 근본적으로 재정립할 필요가 있다. 기존의 절차 보조 기능을 넘어, 개별 기업의 에너지 수요를 정밀하게 진단하고 최적의 에너지 솔루션을 제공할 수 있는 기구로서 그 위상과 조직을 고도화해야 한다. 고도화된 센터는 공급자와 수요자 간의 정보 비대칭을 해소하는 전문 플랫폼이자, 특구 지정 및 운영 과정에서 직면할 다양한 어려움을 선제적으로 해결하는 현장 중심 행정의 컨트롤 타워가 되어야 한다.

더불어 디지털 에너지 산업생태계 조성을 통해 지역 인재들에게 미래 에너지 기술 분야의 도전 기회를 제공하고, 이를 양질의 고부가가치 일자리 창출로 연결하는 선순환 구조를 확립하는 것 역시 센터의 막중한 책무라 할 수 있다. 단순히 에너지를 공급받는 수동적 위치에서 벗어나, 지역에서 생산한 에너지를 지역 내에서 직접 소비하는 '지산지소'(地産地消)의 에너지 자치로 나아가는 이 여정은 인천 산업의 미래 경쟁력을 뒷받침하는 정책적 근간이 될 것이다.

에너지 자치의 지평은 산업 현장에만 머물지 않고, 우리 시민들의 일상으로까지 확장되어야 한다. 분산에너지 시스템의 완성은 산업적 성과가 시민의 일상으로 확장되어 체감될

2025년 해상풍력 토론회에 참석한 박찬대 (출처: 연합뉴스)

때 비로소 달성될 수 있기 때문이다.

아파트 단지나 동네 단위에서 시민들이 직접 에너지를 생산하고, 잉여 전력을 이웃이나 전력 시장에 판매하는 '에너지 프로슈머(Prosumer) 모델'은 탄소중립에 대한 시민들의 자발적 참여를 이끌어내는 유인책이 될 수 있다. 특구 내에서 시민들이 에너지 거래 시장에 능동적으로 참여할 수 있도록 다양한 비즈니스 모델을 과감히 허용하고, 탄소중립이라는 시대적 과제가 가계 경제에 실질적인 보탬이 되는 구체적인 경험을 제공해야 한다.

이러한 '에너지 공유경제'는 지역 내부의 선순환을 돕는 것은 물론, 에너지 빈곤층에 대한 지원 체계를 강화하는 사회적 안전망으로서의 기능까지 수행할 수 있다. 갈등을 넘어 상생으로, 그리고 소외를 넘어 참여로 나아가는 인천의 에너지 전환은 기후위기 시대 도시 전체의 회복 탄력성을 높일 수 있는 계기를 마련해줄 것이다.

에필로그

용기를 내어 걸어가리라

인천에 대한 질문들

"F1을 유치하자!", "글로벌 톱텐 시티 인천!" 지금까지 인천시장들이 내놓았던 알맹이 없는 비전이었다. 그러나 세계의 도시들은 질문을 바꾸고 있다.

"이 도시는 무엇을 생산하는가?"
"이 도시는 어떤 경험을 제공하는가"
"이 도시는 왜 다시 선택되는가"

인천은 대한민국에서 가장 유니크한 도시 중 하나이다. 국제공항, 항만, 수도권 관문 등의 조건을 동시에 갖춘 유일한 도시이다. 그러나 지금까지 이 강점은 역설적으로 약점이었다. 인천은 오랫동안 '지나가는 도시'였다. 사람도, 자본도, 관광객도 오래 머물지 않고 지나갔다. 이는 2026년 현재 인천의 도시 역할이 명확히 정의되지 않았기 때문이다.

인공지능, 바이오 산업, 문화 산업, 에너지 산업 등 나의 산업 비전은 이 근원적 질문에 대한 대답이다.

ABC+E

인천은 세계 자율주행차와 피지컬 AI 경험을 제공한다.
인천은 바이오 신약을 생산한다.
인천은 K-POP 공연과 K-컬처 경험 때문에 다시 선택된다.
인천은 해상풍력발전과 벨류체인 등 에너지 산업을 육성한다.

나의 인천 비전은 가장 기본적인 것이다. AI(인공지능), BIO(바이오), Contents(콘텐츠), 그리고 ENERGY(에너지). ABC+E가 비전의 기본 골격이다. 영어로 'ABC'는 가장 기본을, 'E'는 열정을 각각 의미한다. 나는 인천이 가장 잘 할 수 있고 잘해

2025년 송년회에서 청년위원과 사진찍는 박찬대

야만 하는 산업으로 인천을 채우려고 한다. 기본은 가장 어렵고, 가장 오래 걸리고, 가장 중요하며, 가장 많은 노력이 필요하다. 하지만 복잡한 일은 아니다. 꾸준히 추진하면 길이 열릴 것이라 믿는다.

ABC+E 산업은 이재명정부의 'ABCDEF 산업'의 연장선에 있다. 이재명정부는 AI(인공지능), Bio(바이오), Contents(콘텐츠), Defense(방위), Energy(에너지), Factory(제조업) 등 여섯 가지 산업을 국가성장 전략산업으로 제시했다. 인천의 ABC+E 산업정책은 대한민국의 정책과 맥을 같이 한다.

인천은 '생산·물류는 인천, 혁신은 외부'라는 산업구조 탓에, 제조업을 중심으로 블루칼라 노동이 주를 이뤘다. 인천의 경제는 5개 광역시 중에서 가장 큰 규모로 성장했지만, 성장의 질적 전환은 아직 부족하다. 인천은 고부가가치 첨단산업, 화이트칼라 노동 일자리, 전문직 R&D, 고부가가치 문화 서비스업에 대한 열망이 있다. 그 열망을 위해 송도·영종·청라 국제도시가 준비돼 있고, 그 열망을 채울 공간 또한 충분하다.

나는 인천의 갈망을 산업 비전으로 채우려 한다. AI는 자율주행차특구와 피지컬 AI 특구로 중심축을 이동시키고자 한다. 물류 AI 시스템을 통해 자율주행(도로), 스마트항만(터미널), 물류 자동화(창고), 피지컬 AI 로봇(현장)을 연결고리로 묶어야 한다. BIO(바이오)는 이미 있는 송도 바이오클러스터에 인천바이오과학기술원 설립을 통해 시너지 효과를 극대화하고자 한다. 그래서 '생산하는 바이오'에서 '개발하는 바이오'로 전환하고자 한다. CONTENTS(콘텐츠)는 문학 스타디움을 중심으로 5만 석 규모의 공연을 유치하고, 평시에는 체험하는 문화공간으로 탈바꿈한다. ENERGY(에너지)는 탄소중립과 에너지 전환을 주도한다.

플랫폼 도시와 정부의 역할

오늘날 세계를 관통하는 단어는 플랫폼(Platform)이다. 기차역의 승강장, 버스정류장의 정류장, 공항 출국장, 연극의 무대, OTT, 인터넷 검색 엔진, 배달주문의 검색 엔진, 센서를 탑재하기 위한 인공위성, 바이오 차세대 모달리티. 이 모든 것을 우리는 플랫폼이라고 한다.

플랫폼은 사람과 자본, 기술과 문화가 끊임없이 유입되고 순환하고 변화하면서 발전한다. 순환하지 않으면 도태되고 죽는다. 산업, 교통, 일자리, 인구, 문화, 재정, 행정이 계속 연결되고 순환된다. 겨울 눈뭉치처럼 구르고 순환하면서 스스로 커질 수 있는 산업생태계가 필요하다.

그러면 인천은 산업생태계가 만들어질 만큼, 자본과 기업에 매력적일까? 현재는 물음표다. 인천은 좋은 조건을 갖췄지만, 그것만으로는 부족하다. 인천시와 인천경제자유구역청이 마중물 역할을 해야 한다. 최고의 행정가와 최고의 전문가가 필요하다. 공공은 민간기업에게 매력적인 비전과 과감한 혜택을 제공해야 한다. 부지 제공, 인허가, 기반시설뿐만 아니라, 지적재산권(IP) 구축과 보호, 민간 주도의 생태계 운영방식, 투자 인센티브 등 종합적인 계획과 구체적인 세부계획을 준비해야 한다.

바이오 산업은 공공이 적극적으로 지원하고, 인천바이오과학기술원 설립을 통해 인력 문제까지 해결해야 한다. 연구기관이나 기업이 있다고 저절로 세계 바이오의 중심지가 되는 것이 아니다. 이미 한국 제약·바이오 기술기업의 기술 수출은 2025년 20조 원을 돌파할 정도로 성장했다. 여기에 정부가 펀드를 조성하고 정책금융을 통해 기업을 지원할 필요가 있다.

문화 산업은 공공이 민간을 지원하는 역할에 충실해야 한다. 공공이 욕심을 내면, 민간의 창의력이 줄어든다. 공공은 부지 제공, 인허가, 기반시설 구축을 담당하고, 민간은 투자, 생산, 기술, 수익 창출을 책임진다. 이 명확한 역할 분담은 실패 가능성의 부담을 줄이고, 공공은 조정자·관리자로 기능하게 한다. 이는 정책적으로 '세금 투입형' 사업이 아닌 '플랫폼 조성형' 정책에 해당한다.

AI 산업은 정부의 적극적 개입이 요구된다. 인천을 '피지컬 AI 규제자유특구'로 지정하는 한편 중앙 정부와 인천시가 재정과 정책금융 등을 통해 과감하고 지속적인 지원책을 마련할 것을 제안한다. 인천에 많은 월드모델 및 피지컬 AI 관련 기술기업의 러시가 일어나도록 공간·운영·세제·융합혁신 등을 지원해야 한다. 또한, 국가성장펀드와 결합한 단계별 지원책이 뒷받침된다면, 인천의 벤처기업들은 글로벌 유니콘기업으로 성장하게 될 것이다.

인천시와 산하기관, 인천경제자유구역청은 한국 기술과 기업의 해외투자 유치 및 해외 진출을 적극적으로 지원하고, 이를 위해 적극적인 도시 외교를 통해 해외 도시와 긴밀한 협력망을 구축해야 한다. 특히, 중국의 경우 국가 차원보다 한국 광역단체와 중국의 지방 정부와 교류하는 것이 미·중 관계를 우회하는 좋은 접근법이다.

인천은 하드파워 K-기술·산업과 소프트파워 K-컬처의 쇼케이스가 돼야 한다.

그렇기에 인천바이오과학기술원 캠퍼스, 사이언스파크, 문학 스타디움, AI와 탄소중립 관련 세계 최첨단기술의 건물을 아름답게 기획해야 한다. 이 계획은 곧 세계 최고의 AI 기술과 에너지-환경 기술의 쇼케이스가 되고, 문화와 관광을 넘어 기술과 투자, 협력의 매력 포인트가 된다. 이 건물과 도시는 시스템과 제도를 홍보하는 공간이 될 것이다. AI 전환과 디지털 전환, 그리고 에너지 전환은 하나의 도시 시스템에서 유기적으로 작동하기 때문이다. 결국, 도시 자체가 하나의 상품이 되고, 홍보장이 된다. 인천이 새롭게 구축하는 건물과 도시는 이런 시스템을 홍보하고 수출 및 전파하는 공간이 되어야 한다.

정부와 민간이 합작한 자율주행·피지컬 AI, 인천바이오과학기술원, 문학 스타디움의 5만 석 규모 상설 콘서트장은 인천의 앵커시설이다. '앵커'란 도시정책에서 사람과 자본, 기술과 교육, 미디어를 한 지점에 고정시키는 집중 장치를 의미한다. 대형 콘서트와 글로벌 이벤트는 인천을 아시아 투어의 필수 거점으로 만든다. 이는 단순한 이벤트가 아니라 생산·관광·숙박·소비·도시 브랜드를 동시에 자극하는 정책수단이 된다. 산업은 사람들이 모이고, 머물고, 반복적으로 일하는 공간 구조에서 형성된다. 기술기업, 플랫폼 기업, 벤처기업, 글로벌 기업, 세계적 수준의 R&D 기업, 인재양성의 고급 교육기관 등이 물리적으로 인접한 공간에서 상호작용하면서, 지속 가능한 발전을 담보로 하는 산업 클러스터 도시, 인천으로 거듭날 수 있다.

지금까지 산업의 결과물은 인천에 축적되지 않았다. 기존 K-POP은 글로벌 무대를 누비지만, 그 성과는 인천에 축적되지 않았다. 바이오 산업의 성과는 새롭게 도전하는 벤처기업까지 제대로 미치지 못했고, 차세대 모달리티나 신약 개발 분야는 걸음마도 떼지 못했다. 정부가 AI 3대 강국을 목표로 삼았지만, AI 기술력은 여전히 부족한 실정이다.

하지만 이제부터 달라져야 한다. 인천 문학 스타디움 및 콘텐츠클러스터는 문화생태계를 생산하고 체험하고 재가공하며, 소비와 유통까지 연결하는 콘텐츠 순환 구조를 만드는

2021년 인천가족공원에서 뮤지컬 〈영웅〉의 주제곡을 부르는 박찬대

장소가 될 것이다. 그리고 이 문화는 도시의 산업 구조를 바꾸는 동력이자, 도시 브랜드를 형성하는 핵심 자산이 된다. 바이오와 AI 산업 또한 자율주행의 결과가 축적되고, 인천바이오과학기술원을 중심으로 신약 개발에 대한 도전과 실패, 성공이 축적되면, 도시의 중심 브랜드가 될 것이다. 인천 앞바다의 풍부한 바람을 청정에너지로 전환하고, 매립지를 자원 순환의 혁신 거점으로 재탄생시키며, 에너지 산업 전주기의 밸류체인을 선점한다면 인천은 명실상부한 '대한민국 탄소중립의 심장'으로 도약할 것이다.

용기를 내어 걸어가리라

나는 인천에서 태어나 인천에서 자랐다. 인천에서 배웠고, 인천에서 일했다. 인천에서 사랑했고, 인천에서 아이를 길렀으며, 인천에서 정치를 시작했다. 한 번도 인천을 떠나본 적도 없고, 떠나야 한다고 생각해본 적도 없다. 이제 나를 키워준 인천을 위해 이 한 몸을 던지려고 한다.

나는 인천을 사람, 문화, 자본, 이야기, 아름다움이 머무는 도시로 완성하고 싶다. 내가 참 좋아하는 노래가 있다. 뮤지컬 〈영웅〉의 주제곡이다. 이 노랫말처럼 살려 한다.

두려운 앞날, 용기를 내어 우리 걸어가리라.

인천의 힘, G3 코리아

대한민국을 세계 3대 강국으로 이끄는 인천

초판 1쇄 발행 2026년 2월 27일

지은이 박찬대
펴낸이 김현종
기획총괄 배소라 **출판본부장** 안형태
책임편집 에디터스랩 **편집** 최세정 진용주 김수진 장진경
디자인 이미경 **마케팅** 김예리 신잉걸
방송사업·미래전략본부 정태준 문상철 이주리 백범선 남궁주철

펴낸곳 (주)메디치미디어
출판등록 2008년 8월 20일 제300 – 2008 – 76호
주소 서울특별시 중구 중림로7길 4
전화 02-735-3308 **팩스** 02-73 -3309
이메일 medici@medicimedia.co.kr **홈페이지** medicimedia.co.kr
페이스북 medicimedia **인스타그램** medicimedia
유튜브 medici_media

ⓒ 박찬대 2026
ISBN 979-11-5706-539-4 (03340)